料理が苦痛だ

Cafe Rietta オーナー
本多理恵子

自由国民社

はじめに

「料理が苦痛だ」。

お腹をすかせて学校から帰ってくる子供がいるのに。
リビングで夕ご飯を待っている家族がいるのに。
新しくレシピ本を買ったばかりなのに。

「もう作りたくない」。
どうしても動けない時がある。

ずっと前から楽しみにしていた友達とのランチの間も、
頭では夕ご飯の買い出し食材をリストアップしている。
また、久しぶりに子供を預けて飲み会に顔を出しても、明日の朝ごはんとお弁当の算段をしている。
結局出かけたらその分「皺寄せ」が来るのは自分自身なのだ。

そして飲み会を切り上げて駅まで小走りに向かいながら、
冷蔵庫の中身を思い出し閉店間際のスーパーへ滑り込む。
息を切らしながら必死に必要な食材を思い出し、
ざっと値段を確認して買い物かごに放り込む。
猛スピードでお会計をすませる自分はきっと悲壮感すら漂っているだろう。

「私は何をやっているんだろう？」

無理して出かけなければ、我慢して家にいれば、
こんな気持ちのリバウンドをせずに済んだかもしれない。
たとえ「終わりのない家事」「作り続ける毎日のご飯」を苦痛に感じても、
自分をごまかしながら心を無にして乗り越えられなかったのだろうか？

ちょっと息抜きしたかったがために、余計に大変な思いをしている自分がふと馬鹿らしく思えて我に返る。

たしかに家族に何かを期待されているのは嬉しいことだ。
自分の役割があるというのも生きがいだ。
「今日のご飯は何？」「お弁当美味しかった」と言われれば報われた気持ちになる。

けれど、**時折心の底から「もう作りたくない」と思う時がある。**

「料理は『愛情』」。本当にそうだろうか？
「作り続ける料理」「考え続ける献立」は、「愛情」の前に「日常」だ。
それは常に頭から離れない毎日の仕事。
タイムカードを押しても終わらないし、同僚と愚痴を言って気晴らしすらできない。

当然希望を出しても配置転換も叶わず、ボーナスや有休もない。
料理とは「愛情」の前に、たった一人で毎日直面している「日常」だ。

もっとも近年、スイッチ一つで調理をしてくれる便利家電や美味しい冷凍食品、
簡単レシピの検索など、料理をとりまく日常は急速に変化した。
「ご飯を作る」ということに技術も時間もそれほど必要なく、
「やる気」さえあれば誰でもできる時代になった。
ＳＮＳに溢れる自慢料理。レシピサイトに溢れるおもてなし料理。
テレビや雑誌に取り上げられるカリスマ主婦。
外に目を向ければまばゆい世界が広がっている。

しかし、そんな時代になったからこそ、新たに生まれた苦痛がある。

「ちゃんと作らなくては」「見栄え良く作らなければ」という苦痛。

いやでも目に入ってくる「おしゃれ料理」や「おもてなし料理」などの映像を見るにつけ、それができない自分に焦り一人ぼっちで自己嫌悪に陥る。そして気づかぬうちに精神的に追い詰められている。

かくいう私も「料理が嫌い」で「料理が苦痛だ」と感じるときがある。けれどひょんなことから「料理が仕事」になってしまった。

仕事として取り組まねばならないので、料理について真剣に考えた。どうしたら楽に作れるのか？　どうしたら美味しく作れるのか？嫌いなことに向き合うなら最小の手間で最大の成果を出したい。自分のために考えて、そして気づいた。

「簡単・美味しい・おしゃれ」はとても大事。
だがその前に、「作りたい気持ちになる」
メンタルのセッティングが一番大事なのではないかと。

「料理嫌い」の苦痛を和らげるのは
「簡単レシピ」でも「キッチン断捨離」でもなく、
「料理を作りたい気持ちになる」ことだ。
そして「作りたい気持ちになる」ために必要なことは、
いったん料理から離れてみることだ。

料理が苦痛なら料理をやめよう。
つまりそういうことだ。

こう言い切ると、
「いやいや、それができたら苦労しないよ」という声が聞こえてくる。
たしかに、育ち盛りの子供、介護食が必要な身内、味にうるさい旦那……
普通に考えれば、料理を作らないなどあり得ない。

けれど、**本当にそうだろうか？**

自分が追い込まれ、自分が壊れていくとしても
料理を作り続けるしかないのだろうか？

たとえば人間関係で悩んでいるなら、
嫌いな人から離れるのがまず初めにやるべき対策であるのと同じように、
料理を作ることを苦痛に感じているのならば、
まずやめてみるのが先決なのではないだろうか？

例えは悪いが、悪臭がしたとする。
そうしたら他の匂いでごまかす前に、匂いの素を断つ事が先決だ。
昔そんなＣＭもあった。

料理を作る事に苦痛を感じているなら、
その治療法として「簡単レシピ」や「片付け術」などを処方するのではダメだ。
まずはそれを受け入れる心の余裕を作り出すこと。

そのためには、苦痛を感じたら休むことだ。

「料理が嫌い」だからこそ気づくこと・できることがある。

嫌いだからこそ、割り切って付き合えるというものだ。

そして大事なのは、**「料理が嫌いな人」は決して「料理が下手くそな人」ではない**ということ。

私など時に隠さず「料理が嫌い」と公言すると、仕事柄お叱りを受けることもある。

確かに誤解を招く表現だと反省する。

ただ料理が嫌いだからと言って、乱暴に作ったり、不味くても仕方ないと思ったことはただの一度もない。

私も料理が嫌いだからこそ、苦痛に感じることもあるからこそ、作るからには褒められ・喜ばれる料理でなければ「自分が浮かばれない」と思って真剣に向き合っている。

そんな気持ちで料理を作り続けていくうちに、「私でもできる」ということは「他の料理嫌いさんにもできる」ということかもしれないと思った。

私と同じ「料理を苦痛に感じている人」を少しでも楽にしてあげたいと思った。

そんな思いで始めた

「作らないで見ているだけ」

が売り文句の「お気軽料理サロン」が大ウケした。

この「お気軽料理サロン」を通じてたくさんの生徒さんと触れ合う中で、美味しい料理を作れるのに、実は「料理が嫌い」で「苦痛に感じる」という「かくれ料理嫌い」さんがたくさんいることに驚いた。

そしてそんな生徒さんを通じて素朴な疑問をもった。

ちゃんと美味しく作らねばならないと考えている「自分の理想」と、

そのご飯を食べている「家族の期待」は、果たして一致しているのだろうか？と。


そう思うキッカケはたびたび漏れ聞く声だった。

「自分一人なら簡単なのよ」「それが旦那がいるとねぇ」

「子供がたくさん食べるから」「お弁当の事まで考えると」などなど。

つまり自分一人ではなく、**他の誰かがいると途端に料理が大変になる**という事実。

それならば、自分と他者との思いを一度確認したほうがいいのではないか。
毎日大変そうに作ってくれるお弁当より、
たまには友達とコンビニで買い食いしたいかもしれない。
また、**旦那が言う「簡単なもので良いよ」とは、**
本当は何のことを指しているのだろう？
まずはそこからはっきりさせよう。
だいたい独りよがりな努力は無駄だし、自分を追い込む理想も苦しいだけだ。
需要と供給、食べる人と作る人、お互いシンプルに無駄なく幸せなほうが良い。

まずは「料理が嫌い」で「苦痛に感じている」ことを認め、
「嫌なことはやらなくていい」と自ら許し、選択する勇気を持ってほしい。
その決断ができれば「結局作れなかった」自責の念や、
「嫌々作ったから失敗した」という不条理な結果など、割に合わない苦痛がなくなる。

幸いにも今の世の中は食事には困らない。
デパ地下、宅配、冷凍食品、外食……なんでも便利に使えるものがあり、
しかもそれはユーザーの声を反映して進化し続けている。

今の世の中はSNSで追いつめられる反面、
料理をしなくてもいい環境も整ってきている。

だからまず、怖がらず、**いったん「作り続ける料理」をやめてみよう。**

作るのをやめると、そこからわかることがある。

そしてそこから初めて「これなら作りたい」料理に出会えるのだと思う。
あなたがまず苦痛から解放されること。
それが一番大事で、私はそれを応援したい。

Cafe Rietta オーナー　本多 理恵子

＊この本は、料理を作り続けている主婦・主夫に向けてのメッセージです。
昨今のご時世に料理を作り続けているのは、もちろん妻や母だけではありません。
「作り続ける料理」を苦痛に思う様々な方に届いたら嬉しいと思っています。

目次

第3章　苦痛を減らすための3つの手順　89

第1章
「私自身」と「料理が苦痛」について

料理を苦痛に感じるのならまず料理をやめてみよう。

と言ったものの、「そんな無謀なことを言うあなたはいったい誰？」と思われるだろう。

そもそも発言というものは「何を言っているか」より、「誰が言っているか」が重要なことが多い。


料理をやめてみようと言っている私は、いったい誰なのか？

そしてなぜ料理が苦痛になったのか？


実際の苦痛解消の手順をお伝えする前に、「私は誰なのか」と「私自身の苦痛」について、少し話をさせていただきたい。

育った環境

私は和菓子屋の娘として生まれた。

祖父の代から始めた関東の田舎町の商店街にある小さな和菓子屋だ。

家は、工場・店舗・住居が一体化した建物で、母屋には父の兄弟・離れには母の兄弟・そして裏庭の先には餡を煮るための大きな窯を備えた小屋もあった。

こう書くととても大きな家のようだが、今は更地になっている住居跡を見るとその狭さにびっくりする。

父が亡くなった後、私も姉も家業を継ぐことなく家を壊し更地になったのだ。

当時、国道沿いの殺風景な狭い土地に立っていた我が家は無計画な増改築を繰り返し、職住一体型の住まいに大家族で暮らしていた。

建物の作りは、商店街の道路側に「店舗」、中央に「住居」を挟み反対側は「工場」になっていた。

つまり店舗→住居を通過して→工場。店舗から工場へ、また逆の工場から店舗へ行くのは住居の台所にあたる部分を通っていた。

したがって必然的に住居の台所は「通路」でもあり、土足で往来できるように足元はコンクリートだった。

まさにそこは「家庭の台所」でありながら「屋外」だった。（もちろん屋根はあるけれども）

台所には流しとガスコンロが一列に並び、なぜか家庭用冷蔵庫は工場の端っこに置かれていた。

この**「使い勝手の悪い台所」**も、私が料理嫌いになった原因のひとつだ。

コンクリートで出来ている台所の床は冬は底冷えし、夏は蚊が湧いた。

当然靴を履いて調理をしているので食卓がある座敷に配膳する時はまず引き戸を開け靴を脱いで上がる。片づける時は引き戸を開け靴を履いてシンクに食器を運んだ。

このように靴を脱ぎ履きし、引き戸を開け閉めして行う配膳と後片付けは、それだけで毎回苦痛だった。

ましてや食事の途中に「ちょっとお醤油とってきて」とか「取り皿が足りない」な

ど誰かが言おうものなら、その手間を考えただけで心から呪ったものだ。

特に冷え込む冬、引き戸一枚で仕切られた「外界」である台所からのすきま風は酷かった。

このように明らかに作りに問題がある台所に加え、家庭用冷蔵庫がなぜか裏の工場の片隅にあるという合わせ技。冷蔵庫が霞んで見えるほど遠い。

そして様々な苦労を経てやっとありつけた食事の時間も決して平和ではなかった。

商売屋という仕事柄、いつ何時お客様が買いに来られるかもわからない。

不思議なもので「さてご飯を食べよう」という時に限って、「すみませーーん」とお客様は買いに来られるものだ。

そうすれば誰かが接客に立ち上がらなくてはならない。

大抵弱者である、母か末娘の私。

よって我が家は家族全員がそろって出来立てご飯を一緒に食べたことがない。そしてたびたび中座を余儀なくされるので、のんびり会話を楽しむというより、「今のうちに食べておかねば」と常に追い立てられながら掻き込む食事だったように記憶している。

そして私の「普通の台所」や「普通の食卓」へのあこがれはとても強いものになっていった。

私はテレビの中にみる「団地の台所」に衝撃を受け、そしてあこがれた。食事中に立ち上がっても半歩で冷蔵庫、手を伸ばせばシンク、お茶を飲もうと思ったら振り返ればガスコンロもあるし湯呑も手に取れる。小さなダイニングテーブルで家族が顔を合わせて、あーでもないこーでもないとおしゃべりしながら食事をする。必要なもの全て、家族も全員、ほぼ半径1メートル以内に集まっているという夢の世界・夢の食事風景。これぞ家族団らん、これぞ楽しい食事だと思った。

そこは当然すきま風も吹かないし蚊もいない。突然「すみませーーーん」と呼ばれ、口の中に入れたご飯を飲み込んで中座しなくても良い平和な時間。

そんな世界に心からあこがれ、将来は団地に住みたいと強く思った。

両親の影響

とても愛されて育ったと思う。

が、その一方で私が料理から距離を置くようになったのは育った環境の他に、両親の影響もある。

だいたい子供が両親から受ける影響はとても大きい。親の意思とは別に、子供は親の姿を見て心に決めたり、親から言われたことを勝手に解釈しながら育っていく。

商売をやっていた我が家で母はいつも忙しく、店の接客や工場での製造補助の仕事はもちろん、祖父母の介護食や同居する親族の食事も作っていた。

したがって母は限られた時間の中、使い勝手の悪い台所で調理をしなければならなかった。

きっと時間と手間を極力省きたかったに違いない。

そうなると当然、台所で小さな子供がもたもた調理をすることなど許せるはずもなかった。

「ちょっとそこどいて」「朝は忙しいから」などなど。

何となく発せられる母の言葉に、**料理をすることは邪魔をすることだ**と思った。

また、思春期になって友達の間でお菓子作りが流行った時も、家には業務用の特大オーブンしかなく、もちろんそれを使うことは許されなかった。

したがって私はお菓子屋の娘でありながら一度もお菓子作りをしたことがなかった。

さらに潔癖症の父が追い打ちをかけた。

父はしっかりと化粧をしている状態で私が料理をすると眉をひそめた。

食べ物に化粧品の味が付く。と。

もともと人がやることを褒めない父であったが、私が年頃になり化粧をし始めた頃から、私が作る簡単な料理ですら決して褒めることがなかった。

味付けや見た目が悪い、好みに合わないというならまだ納得したかもしれない。

「化粧品の味がする」と言って、剥いたリンゴを水で洗われた時は愕然とした。

つまり**料理をしない方が良い、触らない方が良いということなんだ**と思った。

そのくせ素っぴんでいいのか？というと、「女は化粧して身ぎれいにしていなければならない」という、今のご時世どこぞからお叱りを受けそうな昭和ヒトケタの男だった。

家の料理だけでなく、基本どこの料理にも文句をつける面倒くさい父だったが、料理を取り巻くことで決して褒められないこの環境の中、当然私は料理から遠ざかった。

どうせ喜ばれないし、という思い。

ひとつひとつは小さな出来事だし、受け取った私の解釈次第でもあったと思う。

もしやる気になれば料理もお菓子作りもできただろう。

ケーキやクッキーだって焼けたはずだ。

しかし、ほんの小さな「面倒くささ」や「気遣い」そして「拒絶」が私を料理嫌いにさせた。

最初の挫折

不思議なもので、その一方で「私はやればできる」という気持ちも強かった。いざとなれば料理だってちゃんとできる、となぜか疑わなかった。

そしてそんな「いざ」がとうとうやってきた。

進学のために上京し一人暮らしを始めることになった。四畳半のアパートで初めて「家の中のキッチン」「自分のキッチン」を手にした時の喜びは今でも覚えている。

さっそく分厚い料理本を買い込み、1ページ目から本とにらめっこして作ってみた。とにかく最初のページから順番に作ってみた。

材料を揃え、レシピさえ読めば、大きな失敗もなく写真通りの料理は作れることに興味を持ち単純に嬉しかった。そうなれば料理は面白かった。宿題のドリルのようにキチンと1ページ目から順番に作っていった。そして、やろうと思えば本当にできたということが証明され自信もついた。


しかし料理本も半ばくらいで飽きてきた。

なぜなら食べてくれる人がいなかったからだ。

当時の料理本は４人分がスタンダードの分量。いくらこれを半分にして２人分で作ったとしても、一人暮らしには当然余る。

当時のアパートには１ドアの冷蔵庫しかなく、冷凍部分のスペースが狭く冷凍機能も完璧とは言い難かった。さらに電子レンジも買えなかったので、大量に作って冷凍保存、あとはチンして食べるという夢の作り置き生活もできなかった。

そんなこんなで私の料理熱は料理本のページを半分くらい残し、すっかり冷めた。

今と違って知らない人に料理を見せる手段もなかったが、人に褒められる以前に、**食べてくれる人すらいないという状況がこれほど料理に対する熱意をなくすものか**と思い知る経験だった。

ついに手に入れた夢の台所

突然だが**「女は初めて自分のキッチンを持つと冷静さを失う」**。

これは私が勝手に発見した法則だ。

その法則を勝手に発見しておきながら、自分でもはまった。

どんなことかというと、例えば結婚して初めて「自分のキッチンを手に入れた」、また家を建てて「念願のアイランドキッチンを手に入れた」など、さまざまな自分のドリームキッチンが自分を魅了して盲目にさせる。

その結果、とにかく料理に夢中になり周りが見えづらくなる。

そのまま没頭し続ければそれはそれで素晴らしい趣味やスキル、もしくは仕事になるかもしれない。

けれど自分も飽きてくるし、せっかく気合を入れて作っているのに次第に無反応になる家族との温度差も感じるようになる。

「手の込んだ料理」や「雑誌のようなテーブルセッティング」に慣れていった家族は、もはやそれが当たり前になり日常になってしまう。

当たり前なことに対しては当然盛大に褒めることもリアクションもなくなっていく。

ふと我に返り「普通のご飯」に逆戻りしたりする。

すると夢から覚めた時のように突然の落差に家族は戸惑い「最近手抜きじゃない？」などと急に言いだしたりする。

「最近さぼっているんじゃないの？」と。

そんな経験をしてきた私は言いたい。**家族を甘やかしてはいけない**と。

ランチョンマットも箸置きも、きれいに盛り付けた料理も、もちろん家族のためではあるが、その前に**「それができる自分に酔いしれているのかもしれない」**という冷めた視点を持とう。

どんなドリームキッチンを手にしても決して必要以上に張り切らず、冷静になろう。

そうして逆に基本毎日「地味飯」を作り、ごくたまに「派手飯」を作ると家族はけろっと騙される。

「すごいすごい！」「レストランみたい」「今日は特別だ！」と大盛り上がりだ。

ちなみに私は現在「仕事」以外では基本「地味飯」しか作らない。

たまに友達が集まり「おもてなし料理」と呼ばれるレベルのちゃんとした料理を作ると、お恥ずかしながら一番テンションがあがり喜ぶのは家族だ。

「なにこれ！　見たことない」「美味しいね！」と。

自画自賛家族のようで恥ずかしい限りだ。

「サクラじゃないんだからやめて」と言っているが、それほど「たまに作る豪華料理」は印象深くウケる。

挙句の果てに、友達が帰る時「また来てよ！　うちがきれいに片付くしご馳走も食べられるから」と声をかけているのを聞いた時は冷や汗が出た。

だから私は思う。

全力で取り組んだ料理を、決してスタンダードにしてはならない。

丁寧に配置したセッティングを当たり前だと思わせてはならない。

全力で取り組むからには印象に残し、ちゃんと褒められたい。


話は逸れたが、一人暮らしの生活から何年か経ち結婚し家庭を持った。

当然自分のキッチンは一人暮らしの時より広く充実した。冷蔵庫は当然２ドアを買えたし、オーブン機能付き電子レンジも買った。「冷静になれ」と書いておきながら、当時の自分は勢い余ってパン焼き機まで買ってしまった。

つくづくドリームキッチンの魔力には驚かされる。


けれど私は、料理をしなかった。


時はバブル全盛期、夫婦そろって仕事も遊びも忙しく家には寝に帰るだけ。週末は寝だめするか遊びに出かけ外食して帰る生活が続いた。

食べてくれる家族は出来たが、家で料理をして食べることはほとんどなかったので、私は料理を作らなかった。
たまに気分が高まり食材を買ったとしても、ほとんどを腐らせることにもなった。

何度か繰り返すうちに学習した。

家でご飯は作らないと。

今でも友達に笑われるが、そのころの冷蔵庫の中には缶ビール・冷凍庫にはストッキングだけしか入っていなかった。(ストッキングは一度冷凍すると伝線しにくいと聞いたことがあった)

それでも築地の近くに住んでいたこともあり、ごくたまに、近所の魚屋さんでお刺身を買ってきて家でご飯を炊いて食べることもあった。

しかし、2キロ買ったお米は半年持った。どれだけ家でご飯を作らなかったか想像していただけるだろう。

なぜ料理を仕事にしたのか

そんな私がなぜ料理を仕事にしたか？

一番の理由は「自分でも商売がしてみたい」と思ったからだ。

そして怖いことに「私ならできそう」という根拠のない自信もあったからだ。


前述の通り、商売屋で育ったということが根底にある私には「やればできるはず」という根拠のない自信のようなものがあった。

今でも見聞きしたものを「自分でもできるかも」と思って挑戦してみるのが好きだ。

だから親や祖父がやっていた「商売」も身近で見て手伝いながら、これは自分でもできるに違いないと思っていた。

だから「何か商売がしたい」と思った時の「商売」とは当然「飲食業」だった。

料理だって「作ろうと思えば作れる」。苦手というよりちゃんと習ったことがないだけだ。きっとできるという自信だけはあった。怖いもの知らずのド素人だった。

平成18年、都内から鎌倉に引っ越した。子供が小学校に上がるタイミングで、少しでも自然が豊かなところで育てたいという旦那の発案で。

私は都会暮らしが好きな田舎者だったので、もろ手を挙げて賛成したわけではなかったが、それでも子供のことを思えば確かに一理あると思い、引っ越しを決断した。

いくつかある引っ越し候補地で最終的に鎌倉を選んだ。

自分が商店街で育ったので「商店街のある街」「客商売をする人たち」になつかしさと愛着を覚えた。

今になって思うとその時すでに「商売をする」という自分をイメージしていたのかもしれない。うっすらと思っていた自分の未来が引っ越しによって形になって見えてきたように思う。

そして私は「自分で店を開きたい」「飲食業をやりたい」と口に出して言うようになった。

飲食業と言っても私は料理が得意なわけでもないし、当然たくさんの人に食べて欲しい「私の味」があるわけでもない。

しかし仕事にするからには「家のご飯」ではなく「人に食べてもらえるレベルのご飯」を作らなければならない。お客様にお出しできる料理・お金をいただける料理を。

その頃母はすでに他界していたので、結局私は学校の家庭科の時間と一人暮らしを始めた時以外に、まともに料理に向き合ったことはなかった。


そんな時、偶然出会った個人のお料理の先生が、「私が料理を教えてあげる」と誘ってくださった。

「飲食業をやりたい」と口走った私のことを覚えていて声をかけてくださったのだ。

何事も、願っていることは口に出して言ってみるものだ。

習う料理は家庭料理。「マーボー豆腐」や「スペアリブ」や「炊きこみご飯」など、手順も簡単で味付けも完璧に美味しかった。

しかしそうした**華やかな料理ではなくても、「野菜の煮物」とか「余った食材で作った即席漬」など名もなき家庭料理のおいしさに感動した。**

なにも「本に載っている料理」だけが料理なわけじゃない。

次々出会う「名もなき家庭料理」が懐かしく、その美味しさに感動した。

そして先生のレシピと手順の通りに再現すると、私にも全く同じように美味しく作れることがとにかくうれしかった。


「なんだ、私にもできるじゃない！」


もともと既存のものを真似したり、改良して人に伝えるということが大好きな自分の性分に火が点いた。

この簡単料理を習得すれば、私なりにアレンジして他の人に伝えられるコンテンツになると確信した。

そして料理を仕事にした。平成19年の春のことだった。

そもそも私は仕事に対して真面目に取り組む方だ。長年の会社勤めで教育され身についたのだろう。

料理は得意でも大好きでもないし、どっちかというと嫌いな方だが、仕事なのできっちりやる。そして商売として結果を出すことを常に念頭においている。

この場合の結果とは、食べた人の感動であり、それが売上に結びつくことである。仕事というものは好き嫌い以前に真面目に・真剣に取り組むべき神聖なものだと思っている。面白くするのもつまらなくするのも自分次第。

また一方で仕事であるがゆえ「最悪、嫌ならやめればいい」とも思える。

真面目に取り組むことと、嫌ならやめればいいという、この両極端の考えでバランスをとっているのが私の働き方だ。

「真面目に取り組む」と**「嫌なこと・無理なことはやらない」**という2つの思い、それぞれに助けられることがとても多い。

例えば好きなものならとことんこだわってしまう。どうしても人に食べさせたい私の味、評価されるべき私の料理を捨てきれないこともあるだろう。

また、人に受け入れられなかったら、たいそう落ち込むだろう。

でも料理と私は一定の距離がある恋人のようだ。真剣に作るが過剰に入れこまず、ウケなければ変えていくのも無かったことにするのも少しも気にならない。そして「苦手なものをクリアしていく」という観点は、私と同じように料理が苦痛な人に料理を習得させる場合の大切な視点だと思っている。

苦手だからこそ発見した私ならではの視点だ。
嫌いだからこそ手際重視で効率よく、無駄なく段取りができている。

また、一人で経営している店だからこそ、万が一（本当に万が一だが）「もう料理を作りたくない」と思ってしまった時、自分さえ覚悟を決めれば従業員に迷惑をかけることもなく休んでしまうこともできる。（お客様にはご迷惑をかけるが）

自分で決めて自分で休む。自分で責任をとり自分で損害も非難も被る。
けれどこれは仕事だから、ある意味簡単に決断できて実行できることだ。
家のご飯、家族のためのご飯になったら、そう簡単には決断できないと思っている。

「料理が苦痛だ」に対する私の解決法

私の仕事の柱は「料理」である。

「料理を仕事にしている」私でも、料理を苦痛に感じた時に行う解決法は**「料理をやめる」**ことだ。


料理を仕事にしているくせに、料理が嫌いで苦痛に思うことがたびたびある。

「苦痛に思う」から嫌いなのか、「嫌いだから」苦痛に思うのかわからないが、**料理をしたくないと心から思う時がある。**

もうキッチンにすら立ちたくない。

食材を切りそろえるのも、フライパンを洗うのも……当然コップ１個すら洗いたくない。

私の「料理を苦痛に思う」理由は明確だ。

料理を**作り続けている**からだ。

プライベートでは家族のご飯に弁当、仕事ではカフェのランチに月１００人分の料理教室の生徒さん向けにと……とにかく**作り続けている**。

料理は「作って食べて片づける」という作業のほかに、「考える」「準備する」「伝える」にも大変な時間とパワーがかかる。

そして仕事なので試作に試作を繰り返すことになる。つまり、毎日常に料理のことを考え、料理を作り続けている。

そもそも「料理が大好き」でもないし、「料理を作りたくて」始めた仕事でもない。お客様にも家族にも美味しいと言っていただければ心から嬉しいと思うし、一生懸命作って良かったと思う。

しかし仕事として取り組んでいる「料理」は限界を感じたら「やめます」「休みます」と言える。

一方、これが家族のご飯となると「今日は休みます」と、そう簡単にはいかない。お腹をすかせた子供がいる。遅くに帰り「何か軽く食べるものない？」と聞く旦那がいる。それを簡単に「今日は作りません」と言えるだろうか？

私自身そう思ってきた。けれど、どうしても作りたくない・作れない時もある。

そんな時、私は決して自分を責めず**素直に「作らない」ことを選択する**ようにしている。

目の前に現れる問題にいつも同じ角度から向き合うと解決策が見えなくなる。たまには荒療治も必要だ。微熱だからと動いてしまい、結局悪化する風邪のように、完治のためには早めの休息が一番。無理なら寝る。料理だって嫌ならやめる。同じことだ。

幸い今の時代、一定期間なら結構どうにかなるものだ。

まず**大切なのは勇気をもっていったん「作り続ける料理」をやめることだ**。そこから始まる。

料理を苦痛に感じているならまずやめてみること。そしてその決断が家族の不満ひいては自己嫌悪につながらないために、**これからお伝えする手順に沿って取り組んで**

みていただきたい。

「いきなり『料理をやめてみよう』と言われても、そう簡単にはできない」？

いかなることにも「できない理由」は山ほど見つかる。

しかし自分を責めてはいけない。

これは**料理をやめて自分を休める「料理デトックス」**だ。

「消耗しきった気持ち」と「自分を責める気持ち」が徐々に薄れるころには「簡単なものでいいから作って食べたい」という新たな気持ち、「これなら作ってみてもいいかも」という新たな出会いが起こるはずだ。

料理を作るのがあなたならば、一番大切なのはあなたの気持ちにゆとりがあること。

「料理を苦痛に感じる」のは後ろめたくもないし、珍しいことでもない。

同じように感じている人は実はたくさんいるし、苦痛に感じることはいけないことではない。素直で正直な気持ちでもある。

第2章
料理にまつわる「呪縛」

料理の苦痛を取り除くことに取りかかる前に、肝心の「苦痛の正体」を探ってみよう。

まず敵を知る。

料理を苦痛に感じるのには、ワケがある。
なぜ苦痛に感じるのか？
どんな背景があるのか？
料理を苦痛に感じる様々な「呪縛」を探ってみる。

1.「時間があるからできるはず」の呪縛

「主婦なら時間があるんだから、ちゃんと作って当然」

世の主婦（主夫）が苦痛に感じる一番のポイントはコレだと思っている。

時間はあったとしても、できないものはできない。

「時間はたっぷりあるでしょ」「それがあなたの仕事でしょ」という呪縛。

そして他人から言われるよりも、実は自分が一番思っていること。

自分で自分を追い込みながら私たちは日々生活している。

家事は24時間、３６５日休みなし！と言ってもたしかに時間はあるし、本当にやろうと思えば、いかようにでも作り出せる。

けれど、**時間の使い方や効率は人それぞれだ。**

息子が小学校の時、ＰＴＡの役員決めの話を思い出す。

誰も名乗りを上げず、みんながうつむく沈黙の時。しかたなく先生が一人ずつ「お役を引き受けてもらえないか？」と事情を聴き始めた。そこである一人の母親が言い放った。「忙しくて無理です。うちは旦那が花粉症なので」

私の中に衝撃が走った。旦那が花粉症であるということと、彼女が忙しいことが一体何のつながりがあるのだろうか？

そして思った。忙しい、忙しくないはその人次第。

実際私も気持ちがいっぱいになって「ああ、信じられないほど今週は忙しい」と絶望を感じる時がある。

けれどそんな時はやることを書き出して、まずはできることから手を付けてみる。

小さなこと、例えば「新聞を回収に出す」というようなことでも、できたことから赤ペンで消していく達成感よ！　そして不思議と、こまごまと書き出して簡単なもの、早く片付きそうなものから手を付けた日はとても効率よく動ける。

けれど、仕事の全部が全部・毎日が全てそんな風にはいかない。

だからあえて言いたい。

時間はあってもできないものはできないし、仕事だと思ってもどうしてもできない時だってある。理由はない。どこを探してもやる気は見当たらない。

そもそも時間とやる気があっても結果を出せないことはたくさんある。

仕事のノルマしかり、テスト勉強しかり。

たっぷりの時間とやる気があってもノルマは達成できるだろうか？　テストで高得点が取れるだろうか？

まして主婦業は「孤独な仕事」。ちょっとした愚痴を聞いてガス抜きしてくれる相手もいなければ、有休もなければ早退もできない。もちろん主婦の学校も参考書もない。

ドツボにはまる「孤独な仕事」。

だから自分の不調は自分でキャッチして早めに対応をとるべし。

……そう。胸を張っていい。

「今日はやる気がありません」

2.「健康のために」という呪縛

「家族の健康を思えば家庭料理が一番」。
よくそう言われますよね。
でも……**本当にそうですか？**

たしかに「健康のために」と考え料理するのは素晴らしいことだ。
でも**家族の健康は、あなた一人の肩にのしかかっているわけではない**。
それに追い詰められ、過度な責任を一人で抱え込んでいないだろうか？

家族の健康の前に、そもそも料理を作る人が幸せでなければ本末転倒だと思う。

何時間もかけて一生懸命調理し、盛り付けにもこだわり食卓に並べる。

素材にも調味料にもこだわった。美味しく食べられるように、栄養素を逃がさぬように食材選びと調理方法にもひと手間かけた。季節感だってばっちり出している。

今日も頑張った自分！　ちゃんとやってるスゴイ自分！

だって家族の健康は自分の料理にかかっているから。

その責任と終わりのない作業に叫びたくなる時もあるけどしかたがない。

だって家族の健康は自分の料理次第だから。


でも、疲れませんか？

その料理を家族は喜んで食べていますか？

ちゃんと感謝して食べてくれていますか？

無言で掻き込んだり、テレビを見ながら上の空だったり、気が向かないからと残していませんか？

本当に大切なのは何？

食卓を囲む人が、美味しく幸せを分かち合うことではないだろうか？

「これ何?」「へぇ、初めて食べたけど美味しいね」「これはちょっと苦いけど、貧血には良いから」などちゃんと会話し思いや背景を分かち合っていますか?

あなたが向き合う相手は、第一に「作っている自分」。

その次に「一緒に食べる家族」。

決してインスタの写真を見て「いいね」をくれる見知らぬ誰かではない。

少なくとも家族のために作る料理でインスタ映えを狙うなら、「料理の写真」より「美味しそうに食べる家族の笑顔」ではないだろうか?

しかし、そう言っておきながら私も、出来た料理をインスタにアップする気持ちは痛いほどよくわかる。**だって誰かに褒めてほしいから。認めてほしいから。わかってほしいから。**

そして私は仕事柄もあり「見栄えの良い料理」を写真に残したいし、たくさんの人の目に触れたいと思う。「いいね」もいっぱい欲しい。

しかし毎日の家庭の食事で大事なのは、食卓を囲む人がハッピーであること。そしてその前に自分の気持ちが健全であること。


最近の自分の優先順位を確認してみよう。

おしゃれな料理でなくても、見栄えが悪くても、買ってきた料理を並べただけでも。

今日はこれが良い、と自分が思えばそれでいい。


たとえば私も、お弁当の彩りを必死に考えていた時期があった。

赤、緑、白、黄色、そして茶色。ちゃんと配色すれば美味しそうに見える。

そして栄養バランスも必然的に整うに違いない。

なにせ育ち盛りの子供の生命線はお弁当しかないから！


……これはかなりの呪縛だった。

結果、プチトマトがなくて福神漬けを入れたり、ブロッコリーがなくてなぜか青のりを一面に振りかけてみたり……その場しのぎで様々な弁当を作った。

しかし、結局食べないものは食べない。いつも残されるものは決まっていた。

いくら彩りを考えても嫌いなもの、美味しくないものは食べないし、食べなかったからといって即刻栄養不足になるわけでもない。

結局、おなかがすけば食べる。美味しければ食べる。その時に食べたければ食べる。

結果、私は息子の意見を聞き「茶色い弁当」に振り切った。非インスタ映えだ。弁当が茶色なら、朝ごはんや夕ご飯もしくは部活帰りに友達と食べる食事で辻褄を合わせてくれればいい。

ありがたいことに、茶色一色の弁当で育ったわりに息子は野菜が大好きだし、好き嫌いは何ひとつないという不思議。

健康の全責任を自分で負う必要はない。つくづくそう思う。

子供は成長するにしたがい知恵がつき、自分の体のサインをキャッチできるようになる。そして大人は年を取るにつけジャンクフードを美味しいと思わなくなり、必然的に健康への意識が高まる。

あなたが今一人でシャカリキにならなくても、時間が人を変え、あなたをフォロー

してくれる。

だから、息が詰まったら、さっさと作るのをやめよう。

「今日はデパ地下お惣菜バイキングでーーーす！」とでも開き直り、ニコニコ笑いながら囲む食卓もまた幸せで、楽しい。

冷凍食品もデパ地下も、当然一生それに切り替えるというわけではないのだから、たまには羽を伸ばそう。

「手料理だけが家族の健康を担うと思わなくて良い」。

3.「毎日違うものを食べる」という呪縛

ここは日本で私は日本人だ。そして家族も日本人なので諸外国と比較するのはお門違いかと思うが、日本ってご飯に手間をかけすぎてない？と思う。

朝から並ぶ様々なおかずに、色彩ゆたかなお弁当、夕ご飯は豪華なメインと副菜の数々。確かにどれもきれいで美味しそうだ。

しかし、このように**毎日違うちゃんとしたご飯を用意しなければいけないと思ってはいないだろうか？**

たまに外国に行くと我に返る時がある。朝はコーヒーと甘いパン。昼はリンゴとスナック菓子、夜は冷凍ピザをチンして食べる。

これでよくあのガタイの良い体が出来上がったもんだ……と驚く。

もちろんそのようなご飯を毎日繰り返しているわけではないだろうが、明らかに日本のご飯より**選択肢がなく、選択肢がないことに疑問も不満も感じていない**様子だ。

日本は豊かだ。あらゆる食材を使い様々な料理に作り上げ、保存し、季節を大切に丁寧に食卓を彩る。これは世界に誇る素晴らしい文化だと思う。

お弁当も家のご飯も、昨日は魚だから今日は肉。毎日同じようなおかずじゃ可哀そう。今年の春はタケノコご飯をまだ作っていないし、秋は栗ご飯で季節を感じたい。梅雨には梅仕事で、冬は味噌仕込み……。

つくづく良く働くなぁと思う。

もちろんそれは、イベントとしては楽しいことであり、季節を豊かに感じる豊かな行事とも言える。

しかし毎日、毎回、昨日とは違う料理を複数用意する。ちゃんと季節を盛り込みきれいに作り上げる。こうなると私たちはレストランの「シェフ」のように働かねばならない。

この**「毎日」「毎回」違うおかずを作るという呪縛**。さらに旬や季節を盛り込もうという配慮。そうするのが当たり前と思っているあなたに問いたい。

果たしてあなたの家族は、あなたと同じように思っているだろうか？

よく「ばっか食べ」とか「食のマイブーム」とか言われるように、一つのものをずっと食べたいという欲求も、毎日違うものを食べたいと同じくらいあるのではないかと思っている。

ちなみに私は同じものを食べ続けるのに特別抵抗はない。というか、好きなものはいつでも食べたいと思う。

昔、某フライドチキンの店の「ビスケット」にドはまりした事がある。

ＯＬ時代の会社の寮のはす向かいに某店があった。

そのころの私は、寮の共同キッチンで調理することもなく残業続きの忙しさを良いことに、１００％外食生活を送っていた。

ある時その店に「ビスケット新発売」とポスターが貼り出された。

コナモノ・甘いもの大好きな私はさっそく食べてみた。そしてその美味しさに衝撃をうけた。そしてそれから丸1か月通い食べ続けた。全く飽きることもなく、食べ続けることに迷いもなく、私はとても幸せだった。

栄養バランスや体重管理を考えたらおススメはできないだろう。

けれど、**そもそも栄養バランスは1食で決まるものでもないし。少しばかり「カラダに悪そうなもの」を食べても、瞬時に崩れ去るものでもない。**

何を食べたか、どれくらい食べたか……はせいぜい3日間くらいで辻褄を合わせればいい。

同じおかずを1か月食べ続けるのはやりすぎだとしても、３日くらいは全然許容範囲ではないだろうか？

「毎日のご飯」というルーティンワークは、それほど変化をつけなくてもいい。

「今日も明日も同じご飯ですが、何か？」

4.「インスタ映え」という呪縛

おしゃれな料理、素敵なテーブルセッティング・片付いたキッチン。

世にはこれでもか！というほどおしゃれ料理や素敵生活があふれている。

テレビを見ても、ネットの動画を見ても、手際良いなぁ、すごいなぁと感心するばかりだ。みんなすごい！

でもそれに引き換え自分はどうだろうか――そんな絶望を感じる時がある。


が、例えば思い出してほしい。

「突撃！隣の晩ごはん」なる、アポなしでお宅を訪問してご家庭の夕ご飯を見せていただくあの番組を。

あの番組で突撃されたご家庭の中で、いったいどれくらい「おしゃれご飯」に遭遇したというのだろうか？

たいてい、買ってきたお刺身を皿にうつしたもの、昨日の煮ものの残りと今朝の弁当の残り、そして何やら野菜を炒めたようなもの……愛情あふれる手つかずの日常があふれている。

そうなんですよ！　大丈夫！

人が食べてる「毎日のご飯」は、決してSNSにあふれる「よそ行きご飯」ではなく、家族が馴染んだ生活感あふれる「いつものご飯」。

しかも食卓には飲みかけのペットボトル、今朝の新聞、子供の弁当箱など、決してきれいに片付いてなどいない。けれどそれは家族の日常、毎日の生活であり、暮らしの足跡がある。

服に例えるなら、毎日毎回おしゃれしなくてもいい。

あなたはいつも家の中でストッキングをはいて、コサージュをつけて掃除機をかけているだろうか？（いたらごめんなさい）家にいる時は大抵Ｔシャツにスウェット、しかもちょっとシミがあったり、破けていたりもする。けれど不思議と愛着があって、それが一番安心してリラックスできる「いつもの恰好」だという人も多いだろう。

料理もそれと同じだ。おしゃれ料理はよそ行き料理。特別な装いなのだ。ランチョンマットにカトラリー、磨き上げたグラスにキャンドルやお花。雑誌から抜け出したような世界の料理は、非日常の世界だ。

私たちの普段着はパリコレの洋服ではない。コットンのパンツとリネンのシャツ。それくらいのプチおしゃれで十分なんじゃないだろうか？

もちろん、たまにはよそ行きスイッチを入れてもいい。

おしゃれなこともやっているというイベントを自分自身で笑って楽しめれば。

おしゃれなテーブルセッティングは例えるなら「舞台化粧」。それを毎日家でやっていたら家族は言うだろう。「今日どうした？」

だから**舞台化粧はハレの日のためにとっておいた方が良い**。

実際、料理サロンにお越しになる生徒さんからも「焼きそば作ってフライパンのまま食卓に出してます」「しかも焼きそばがおかずです」「オンザライスです」「煮物の夕レをご飯にかけたのが実は一番の好物です」など、斬新なカミングアウトに出会う時がある。

高い食器はもったいないから結局パン祭りでもらった皿を愛用しているし、第一肝心の食卓だって普段は全然片付かないカオス。その食卓でなかなか捗らない宿題をしている子供に怒り、思わず自分が飲みかけのコップ酒をプリントにこぼした。乾かしても酒臭い宿題プリントを持たせる羽目になったという、可憐なママ友からまさかの武勇伝を聞いた時はなぜかとてもほっとした。

人様の日常は愛と笑いがあふれていて愛おしくなる。

そしてそんなカミングアウトに共感し、みんな安心して大爆笑する。

「そうそう！　うちもそうよ」って。

だから言いましょう。日常なんだからそれでいい。できることをすればいい。

「SNSは夢の世界」。

5.「誰からも評価されていない」という呪縛

私たちは小さな時から頑張ってきた。勉強に習い事、部活に人間関係……

だいたいのことは「頑張れば何かしらの評価がなされた」。

ところが**今、毎日必死に作り続けている料理に対しては、ちゃんと評価がなされているのだろうか？**

ふと疑問に思う。

評価される社会で学び、働き、そして主婦・主夫になった。

家庭の仕事という新しい分野に取り組む。掃除洗濯家事育児。

しかし、ほとんどのものがその都度「評価」されない。

それでも「自分はちゃんとやっている」という自己満足や、家族の健康や笑顔が喜びだ。しかしそれは正当な評価といえるだろうか？

誰かに認めてほしい、共感してほしい、応援してほしい。

ＳＮＳの普及で私たちはその内なる思いを見たこともない相手に求めるようになった。私が作った料理を目の前の家族ではなく、見たこともない人に褒められるという矛盾。**本当はまず初めに食べた家族からの「美味しいね」とか「コレまた作って」の反応、評価が欲しいのではないだろうか？**

確かに見たこともない相手から褒められるのも嬉しいものだ。自分が社会とつながっている、心のよりどころになるという側面も否めない。第一、やったことに対しては誰からでも、単純に褒められたいと思うものだ。だからそれはそれで結構なことだ。

でも実際料理を食べるのは目の前にいる家族だ。

たまには向き合って、ご飯について話してみたらどうだろうか？

評価を聞き出さなくてもいい。

まず作った自分の思いを話してみよう。感想を聞いてみよう。

意外と相手に響くものだ。

また、**相互に理解しあう**ということも大事だと思う。

例えば良く聞く「カレーとかの簡単なものでいいよ」発言。

コレを言われた女性はだいたい同じことを思う。

「そのカレーがめんどくさいんだよ！」と。

切って、炒めて、煮て。結構な手間のフルコースだ。この「カレーで良いよ」発言に対する主婦の食いつきっぷりったら、ちょっと驚いた。

カレーを簡単料理だと思わないでほしい、カレーならすぐ出来て面倒じゃないって思わないでほしい。カレーは手抜き料理じゃない。などなど……

たしかにいったん作ってしまえば何日か食べ続けられるが、一から作るとなるとちょっとした気合が必要だ。

ちなみに簡単なものとは、「白米に塩をかけて食べる」。これくらいのレベルを指すということを「カレー発言」をしがちな方は心に刻んでおいてほしい。

そしてまた、作ったものをそう簡単に食べて欲しくない、という思いもある。

下ゆでして、あく取りしてそこから煮込むこと3時間。

それが「テレビを見ながら5分で食べる、しかも無言」。この無常よ……。


全部想像して全部フォローしてくれとは言わないが、手間をかけて作ったのならば、そのストーリーも少しは共有しても良いと思う。


リアルな社会に生きている私たち。食べるということはリアルなことだ。

目の前でリアルに食べている相手がもし無反応なら、逆にあなたから歩み寄ってみたらどうだろうか？

ただし、はじめは面倒くさくならない程度に。

答えが返ってきやすいように。


「さて、このソースは何から出来ているでしょうか？」

6.「自分はちゃんとできていない」という呪縛

料理が嫌い・作るのが嫌だ・今日もインスタント食品で済ませてしまった……

そりゃあ自己嫌悪にもなるでしょう。わかります。私もそんな時あります。

母や妻であるのに、自分は料理が嫌いだ。ちゃんと作ってもいない。

だいたい女だからって料理を作らねばならないのか?と疑問にも思うし不公平だとも感じる時もある。

けれど、そんな風に声高に提議してみる気もなければ、戦う気持ちもない。

ただ、毎日のご飯が……これじゃダメだと思っている。

私は仕事を通じてたくさんの「主婦」の方と触れ合う。

そのほとんどが「料理が苦痛」と感じているのに驚いている。

ＳＮＳは夢の世界と述べたが、女性は料理が好きというもまた幻想だ。「男性ならば車の運転や大工仕事が好きで、女性ならば料理や手芸を楽しいと思う」っておかしくありませんか？

何が好きか？　楽しいか？とは、人それぞれ。

たしかに料理には楽しい面があると思う。考えて・作り出すという想像に溢れた仕事だ。ちょっと美味しくできた時など「自分天才じゃない？」とほれぼれする。しかし、たとえ楽しいことであっても、それをずっと続けていればいつしか嫌いになることだってある。失敗することだってある。自分のために作った料理が失敗してもそれは自分だけの問題だが、家族のためのご飯が失敗したらちょっとした事件だ。自分一人の問題じゃない。そしてたいそう落ち込む。

実際「料理が楽しい」という人の中には、それが「気晴らし」「非日常」だからと言う人も多い。残業が多い会社員から「たまに早く家に帰り、手間ひまかけて自分のために料理を作るのが最高の息抜き」と聞くことがある。無心に玉ネギを刻む時、瑞々しいレタスを手で二つに割る時、エビの殻を剥いて丁寧に下処理をする時、嫌な上司のことやクライアントからのダメ出しも「忘れられる」という。

ところが主婦・主夫にとっての料理は、毎日・毎回向き合う「日常」だ。

それが毎日毎回であったら、玉ネギのみじん切りは罰ゲームでしかない。エビの下処理をしたくないがために迷いなく剥きエビを買う。

一口に料理が嫌いといっても、その中で特に嫌い・苦手な工程があるものだ。自分はどの作業が嫌いか知っておくと対策がとれる。

私は食材を切ったり、細かく刻んだりするのが嫌いだ。だから食材を切る時は一気に全部切ってしまう。また、フードプロセッサーも多用している。さらに食材を切る時は少しでも手間を省きたいので順番をとてもよく考える。同じまな板で匂いが移らない順番で切り進めるにはどうしたら良いだろうかと。

嫌な事を省力化するのにとにかく知恵を出す。

買い出しが嫌い、洗うのが嫌い、そもそも献立を考えるのが嫌い。

自分の嫌いを把握しておけば、そこだけ外注・手伝いを頼んだりもできるし、行程短縮のために手順を考えたり家電を揃えたりもできる。
例えば、買い出しならネットオーダー。洗うのなら食洗器。献立を考えるなら食材宅配サービスやアプリを使う。

そして**もし、料理を作ることに関する全部が嫌いになってしまったら、全てをやめよう。**

ダメ出しをする他人には決して惑わされないでほしい。
もう**何もかも嫌いになる時、誰にでもあるから。**

料理をすることによってストレスから解放される人と、料理自体がストレスな人がいる。これはお互い全く別世界に生きている人で、どっちも同じく正解で正しい。
毎日作っていたら「もう作りたくない」「誰かが作ってくれたご飯を食べたい」そう思うのは当たり前。
友達の家に行って、「何もないけど鍋食べてく?」と言われて食べた豆乳鍋の美味しかったこと。食後のお茶はマグカップにティーバッグを入れっぱなしだったけど、人が淹れてくれたお茶は最高に美味しかったこと。

作り続けたらイヤになって当然。
料理バロメーターがショート気味になったらまず休もう。
自分を責める前に。それは当然の休息だ。

「料理が苦痛なので、今日は作りません」。

7．番外編「身近な苦痛エピソード」

この他にも、まだまだ「料理を苦痛」にさせる様々な事情がある。

うちの料理サロンにいらっしゃる生徒さんもいろんな事情が呪縛となり、ご自身に苦痛を感じることがあるという。

そんな苦しい気持ちを吐露される時がある。

家の事情、自分の事情……その様々な事情にがんじがらめにされている。


ここでいくつか、料理サロン及び知人から聞いた身近で面白い「苦痛エピソード」を挙げてみる。

面白いと言うと失礼に聞こえるかもしれないが、どのエピソードも大きな愛情がベースにあることは間違いない。

30品目の呪縛

ちょっと昔に「30品目を食べよう」なんていうブームがあった時、真面目なAさんはかなり真剣に取り組んでいたという。

家族の健康のために。

しかし何日かたってどうにもこうにもがんじがらめになって、ネタも尽きたし疲れてきた。そんな時にとった苦肉の策。

「七味唐辛子で7つ補填しました」

……大きな意味では正しいと思う。そしてそのチャーミングな対応策に場が和んだ。

「そもそも30品目なんて無理」「我が家も一味唐辛子から七味に買い替えます」などなど、その場のいわゆる主婦の皆さんはAさんの真面目さをほめたたえ、それぞれアイデアを出したりした。

ゲームとして取り組むならば楽しいと思うが。何のための取り組みかわからなくなったらさっさとやめるに限る。

八宝菜の呪縛

昔一緒に働いていた「料理上手」のＢさんが、退社間際に焦っていた。

「開いている八百屋さんってどこだっけ？」

その日はかなり強めの雨が降っていた。

「買い出しして帰るの大変じゃない？」と聞くと、「八宝菜を作ろうと思っているが材料が足りない」という。

だいたい「八宝菜」と名前がついているが大きな意味では「野菜炒め」だ。（八宝菜愛好家には失礼）

「家にある材料で作れば？」と提案するも、どうやら彼女のご主人がかなり細かい人らしく「主人に食材を数えられるから……今日用意できてるのは６種類しかないの」。

……絶句。ちゃんと８種類をそろえる方もそろえる方だが、数える方も数える方だ。

彼女の丁寧さと真面目さに敬意を表し、大きめの傘を貸した。

彼女は料理好きで、ご主人はとても細かいが、彼女の作る料理を楽しみにしているらしい。

それはそれで幸せな家庭だ。

しかしつくづく「私はそんな人とは結婚できないな」と思ったが、「そんな細かい人」はもともと私となど結婚しないだろう、とも思った、という話。

アサリの砂抜きの呪縛

料理を全く作ったことがない後輩のC子が結婚した。

ご主人は優しく大恋愛の末のゴールインだった。仕事を切り上げいそいそと家に帰る姿は心洗われるものがあった。

若いって、新婚って……いいね、って。

しかしある朝彼女がむくれて話しかけてきた。

「昨日あさりのお味噌汁を作ったんです」

「へぇ」

「そしたら旦那から、ちゃんと錆びた釘使ったか？って聞かれて」

「……は？」

「貝の砂抜きは錆びた釘を入れてちゃんとしないとダメだよって」

深夜残業も当たり前の職場で働いていた私たちだったので、同僚女子は一斉に「ありえない」と大合唱。

「だったら自分でやれば!!!」

……しかし彼女のご主人に悪気はなく、聞けばご主人のお母様がそれはそれは丁寧にご飯を作る人だったらしい。

ご主人も釣りが趣味で魚をさばいたりするもので、ちょっと料理にはうるさい人でもあった。

しかし、「錆びた釘」とは……。

「私なら『砂抜き貝』を買うけどね」とフォローしたが、ツワモノ女子は「私なら味噌汁に錆びた釘入れて逆襲するよ」とのこと。

上には上がいるものだが、彼女のご主人を仲間内で呼ぶ時の呼称が「錆びた釘」になったことは当然の成り行きだった。

好き嫌いの呪縛

エスニック料理好きの女性はとても多い。そして食べたことのない食材や新しい調味料に対して意欲的にトライするのも女性中心だと思う。

ただ、一方で男性の食はとても保守的だと思う。

ある時ナンプラーを使って炒め物をしていた。するとそこに帰宅した我が家の息子が一言「家の中が足のニオイ‼」。全国ナンプラー協会（あるのか？）に全力で謝罪してほしいが、たしかにそのニオイは独特だ。

また、うちのカフェのランチでも「雑穀米」が苦手で「ご飯は白と決めている」とおっしゃる男性のお客様はとても多い。私が白と決めているのは勝負パンツくらいなので、その気持ちがわかるようでわからない。

パクチーやスイートチリソースなど、特にエスニック系の食材は苦手という男性も多いような気がする。

私はパクチー好きなのでいくら「カメムシのニオイ」と言われても、カメムシのニオイを嗅いだことがないので反対に「あ、カメムシはパクチーの香りがするのね」と親近感を持つくらいだ。

ココナツオイルもまた苦手な男性が多い。うちのお客様がココナツオイルを使って炒め物をしていた時に帰宅したご主人が「バブルの時に使ってたサンオイルの香りがする」と表現したらしい。

同じ世代として激しく同意するが、こうなるとそのご主人はその香りを「食べ物」の香りとして受け入れることはできないだろう。

好き嫌いは、ないに越したことはないが、嫌いなものは嫌いなので仕方がないと思っている。

そして、だからこそ外食は思い切り「家族が嫌いだけど自分が好きな料理」を楽しめる絶好のチャンスだ。

何事も物は考えよう。楽しんだもの勝ち。

出てくる！　出てくる！　弁当の呪縛

人様のお弁当を見るのは楽しい。その人が普段「当たり前」と思っていることが、そこにあるからだ。

かたや、自分のお弁当を見られるのはとても恥ずかしいものだ。

お弁当にまつわる呪縛や苦痛はエピソードとしても事欠かない。

ちなみに私のお弁当の苦痛エピソードは、小学校3年生の時だった。

当時の小学校の給食室の水道が壊れ、「明日はお弁当でお願いします」という緊急事態になった。

遠足のおにぎり以外にお弁当を持たせてもらったことがなかったので、明日はお弁当！と思うとワクワクして眠れなかった。

そのころ「肥満児」（今はそういう言い方をしないのかもだが）だった私は、ご飯を食べるのが大好きで、当然ご飯の摂取量も大人並みだった。

母はアルミの弁当箱にぎゅうぎゅうに白米を詰めてくれた。

「はいこれお弁当」と言って差し出された新聞紙にくるまれたずっしりと思いアルミのお弁当箱を喜んでランドセルの中に入れて登校した。

お昼の時間になり疑いもなく弁当の包みを出して愕然とした。

新聞紙でくるんだ弁当箱を持っている人……ゼロ。

見渡すと女子はキティちゃんやお花柄のかわいい布や巾着袋から、それはそれは小さくカラフルなお弁当箱を出している。男子にもアルミ製のしかも新聞紙に包まれた弁当箱など誰一人いなかった。

私は焦って新聞紙だけ取り除き丸めてランドセルに突っ込み、蓋を開けて驚愕した。

弁当箱の蓋にぎっしりつくほどぎゅうぎゅうに詰められた白米の上に、シシャモ３尾とたくあん２切れ。

そこにはタコのウインナーも唐揚げもプチトマトもなく、ただ茶色の焦げ目がついたシシャモと妙に黄色いたくあんのみ。

確かに私が好きないつものおかずだった。いつものご飯はこれだった。そしてこれが好物でもあった。でもあまりに残酷だった。

結局、蓋で隠しながら急いで食べた記憶がある。

今、私が当時の母だったらどうしただろうか？

娘が好きなお弁当を、たくさん食べるだろうからとご飯をぎゅうぎゅうに詰め、少しでも温かくと新聞紙に包めるだろうか。

当時はあんなに恥ずかしく「してやられた感」満載だったのに、今この歳になってみると泣けてくる。


日常のご飯って、日常の愛情って、こういうことなんじゃないかと思う。

キャラ弁を否定する気持ちはさらさらないし、目にするたびに「すごいね！」と尊敬する。実際、私が子供だったら嬉しくてテンションが上がりまくると思う。

それにしても、本当に日本人って器用だと思う。（私も日本人だが）

朝の限られた時間、小さなお弁当箱という限られたスペースにきれいにアイデアたっぷりにキャラ弁をつくり出す。

私が小さければ毎日楽しみだろうし、それが当然のお弁当と思っただろう。

日本のお母さんは愛情も手間も無制限に注ぎ、よく働く。

残念ながら私にキャラ弁の記憶はほとんどない。

それどころか、とにかくお腹がすく育ちざかり。好きなものをたくさん入れてくれ、とだけ念じていた。

したがって私のお弁当は全くおしゃれ度ゼロ。

茶色い煮魚だったり、茶色いそぼろだったり、茶色いお稲荷さんだけだったり……

（全部茶色！）

しかしある日、おかずのウィンナーに妙な切れ目を発見した。

昔よくあった赤い皮のウィンナーに人工的に何かがなされた形跡がある。

これは規則的に入れた切れ目ではなく、自然に裂けたわけでもなさそうだ。

おそるおそる箸でつまみ注意深く見て、衝撃が走った。

「ガンバレ」……そう切り込みが入っていた。しかも雑に。

その日は高校の定期テストの最終日、一夜漬け続きの毎日も最終日になった朝。普段はガサツな母が急に思いついたのだろう。

「いやいや……この仕上がりちょっとホラーだよ」と一人突っ込んでみたが、心の底から嬉しかった。母の「キャラ弁」は後にも先にもこの一度だけ。

今でもガンバレウインナーを思い出すと泣けてくる。

もう一つお弁当のエピソードを。

中学校のクラスで一人、衝撃弁当の男子がいた。

柔道部主将の彼は八百屋さんの息子で、彼が弁当箱を開けてあたりにどよめきが起こった。ご飯が「キャベツ」。

白米のスペースが一面全て刻みキャベツだった。

どうやら食べすぎ太りすぎの彼はダイエットのために白米からキャベツに置き換えるご飯をたびたび母親にリクエストしていたらしい。

肥満児としてある意味同士の彼は、臆することなく「これ俺んちで売ってるキャベツ。うまいんだぜ」と特大ウスターソースをカバンから出して悠々とかけて食べ出した。みんなゲラゲラ笑っていたが私は奴を見直した。

当然その日から彼のあだ名は「キャベツ」となった。

このように、毎日作る弁当は、いろんな物語を作り出す。

ママ友のDさんは、前日息子と大喧嘩した朝、「悔しいから弁当箱の中、保冷剤だけ詰めてやったわ」とカラの弁当箱に「いい感じの重さ」の保冷剤だけ詰めて持たせたそうだ。「学校のプリントを出さないし、今月は3度も先生に呼び出されている」。そして些細なことが発端で大喧嘩した結末らしい。

お昼ご飯が抜きになるということを中学生男子に課すとは結構な決断だったと思う。けれどそれも母の愛。母と子のバトル。結局その子はお昼時間に弁当箱を開けて驚き、みんなに気づかれぬように「俺、ちょっと食欲がないわ」と教室を出て、水飲み場で大量の水を飲みその日をしのいだらしい。「大量の水飲んでジャンプしまくると結構お腹いっぱいになる」という技を身に着けてにこやかに帰宅したらしい。これも大笑いして、そして泣けた。

またある友達は、どうしても弁当を作りたくなくて、弁当箱いっぱいに「今川焼」を入れた、と話していた。

それはそれで、たまには嬉しいのでは?とも思う。

うちはよく友達を招いてご飯を食べる。そんなときは私もちょっとは真面目に料理をしたりもする。
育ち盛りの子供を持つ友達が来ると「これ明日のお弁当用に貰っていっても良い？」と聞かれることがある。なんてことはないシュウマイやミートボールなど……。もちろん安全面だけ注意をお伝えし私が作ったようなもので良ければ……と喜んで持って帰ってもらうが、誰しも頭から離れないお弁当事情。本当に大変なんだなと痛感する瞬間だ。

弁当は面白い、弁当は人生だ。
そもそもそれは人にひけらかすものではないし、ポンコツだって構わない。

第3章
苦痛を減らすための3つの手順

料理に対する苦痛を減らすための一番の「肝」は「料理をやめてみる」ことだ、と繰り返しお伝えしてきた。

あなたの苦痛を解決するために、この無謀にも聞こえる「やめる」という**「決断」**の前後にやってほしいことは**【準備】**と**【実践】**だ。

【準備】→【決断】→【実践】の3つの手順に従って「料理が苦痛」をなくしていってほしい。

そしてまたいつか「苦痛」の症状が出たら、繰り返し実践してほしい。

肝心の決断である「やめてみる」ということをキチンと宣言できると、自分にも家族にも効果を発揮する。

やめられるワケない……と思うのは当然の反応。だって毎日毎日作り続けているのだから。

けれど、**感じている苦痛を毎日・毎回ごまかしながら一人孤独に嫌々料理を作り続**

けていると、そのうち症状は悪化する。症状が軽いうちにぜひ取り組んでほしい。

ちなみに先日知り合ったEさんは、本当に「一生ご飯を作らない」という選択をしたらしい。しかし一方で、子供には料理ができるようになってほしいと思っており、息子さんは「子供料理教室」に通っているという。

「そもそも女が料理をするっていうのが当たり前なのがおかしい」とお怒りだった。人には人の感じ方があり。料理に対する好き嫌い・得意不得意も人それぞれだ。

一生作らないと決めた彼女の決断には驚いたが、各々の人生においての料理へのかかわり方も人それぞれであり、正解不正解などないと思う。

私は料理に対して「心から嫌い」ではないが、「心から好き」とも言えない。基本面倒くさいし苦痛に感じる時も多いが、たまに心から楽しいと思う時もある。だから作りたい時は作るし、作りたくない時は作るのをやめてみる。

大体の人が程度の差はあれ、「料理が好き」と「料理が嫌い」の間を行き来しているのではないだろうか？

もし「苦痛だ」と継続的に感じていて、その我慢をため込み限界をむかえ突然爆発したら、それは自分にとっても家族にとっても不幸だ。
そうなる前にちょくちょくガス抜きをしたら良い。

だから勇気をもって**いったんやめてみる**。リセットしてみる。
それは前向きな決断だ。

そして**やめることを家族に宣言する**。

あなたが感じている「料理が苦痛」に正面から向き合うことを応援したい。
そして苦痛を和らげるために必要な3つの手順**【準備】【決断】【実践】**について、これから詳しくお伝えする。

1.「料理をやめてみる」ための【準備】

いきなり「やめましょう」と言っても受け入れられないし不安だってある。

第一、料理を作らない間家族はどうしているのか？　想像もできない。

よって、自分と家族の不安を解消するにあたり、次の準備を進めてほしい。

そしてこの準備は、「料理が苦痛」の気持ちが顕在化していない時に行っても構わない。「ちょっとダルいな」くらいの初期症状でも「いざという時のために」やっておくことをおススメする。用意しておいて損はない。

いついかなる時、料理を作り続ける気持ちがポキッと折れてしまうとも限らない。

弱っているところに「取り組もう」「話し合おう」などと前向きな話をしても、多分聞くのも無理だと思う。元気なうちに（？）ぜひ一度取り組んでみてほしい。

備えあれば憂いなしだ。自分と家族の幸せのために必要なことだ。

多少面倒臭い気持ちもするだろうが、大切なことなのに今までやったことがないことだ。

様々な勇気を必要とするかもしれないが、ぜひ楽しんでやってみてほしい。

①自分の「理想」と家族の「期待」を知る勇気

まず取り組んでほしいのは、あなたが感じている苦痛が独りよがりではないのか？ということとの確認作業。次ページのシートを使って「見える化」してほしい。

というのも、料理にもＴＰＯがある。

「作りたい・作るべき」と「食べたい」は一致しないこともあるからだ。


ちょっと極端な例であるが、その昔、友達の家に遊びに行った時の話。

その友達は料理学校を卒業して、都内のホテルのレストランで働きだしたばかりだった。休日に「ごちそうしてあげる」と彼女の実家に招かれた。彼女の実家にはよく遊びに行ったのでご両親とも顔なじみだった。

朝早くから彼女はキッチンにこもり何か調理していた。時折リビングに顔を出しておしゃべりするものの、「もう少しだから楽しみにしていて」とまたキッチンに戻り調理を続けた。何やら力作らしい。

手伝わなくてもいいというので期待をふくらませつつ、私はご両親とおしゃべりしたりテレビを見て過ごした。３時間ほどたっただろうか、時間はとうにお昼を過ぎていた。さすがにお腹がすいてきたが、なにせ彼女は真剣に作っている。たいそうな料理が出てくるに違いないと思いひたすら待った。

そこへとうとう「できたよ！」やっとのことで完成したらしい。喜んでキッチンに行ってその力作を見て一同絶句した。……アップルパイ。以上。

何層にも織り込まれたパイ生地はサクサクに焼けていて、中身のリンゴから甘い香りが立ち込めていた。

しかし、昼時に人を招いておいて3時間待たせて「アップルパイ！だけ」とは。

固まる私の横で、彼女の父は強い口調で言った。

「なんだなんだ！　これじゃ飯にならん。寿司をとれ！」と。

この時思った。**「作りたい料理」と「食べたい料理」はズレることがある、**と。

そして**食にもＴＰＯがある、**と。

家ご飯カルテ

名前＜　　　　　　　＞

★好き嫌い、リクエストはありますか？

①食材で

好きなもの

（　　　　　　　　　　）

嫌いなもの

（　　　　　　　　　　）

②家ご飯のメニューで

好きなメニュー

（　　　　　　　　　　）

嫌いなメニュー

（　　　　　　　　　　）

③食べたことないけど

リクエストしたいメニュー

（　　　　　　　　　　）

★ご飯スケジュール（家のご飯・弁当が必要な日に○、いらない日に×）

	平日				休日	
		（　）曜	（　）曜	補足		補足
朝 昼 夜 弁当 その他 （夜食等）						

★言っておきたいこと

家ご飯カルテ記入例

名前＜　パパ　＞

★好き嫌い、リクエストはありますか？

①食材で
好きなもの
（魚全般、豚肉　）
嫌いなもの
（ピーマン、牡蠣　）

②家ご飯のメニューで
好きなメニュー
（　生姜焼き、ポテトサラダ）
嫌いなメニュー
（　ホワイトシチュー　）

③食べたことないけど
リクエストしたいメニュー
（　羽根つき餃子、グリーンカレー　）

★ご飯スケジュール（家のご飯・弁当が必要な日に○、いらない日に×）

	平日				休日	
		（水）曜	（　）曜	補足		補足
朝	○	○		味噌汁だけでOK	×	自分で勝手に食べる
昼	×	×			△	たまには外食したい
夜	×	○		水曜ノー残業デー	○	鍋とかを家族で！
弁当	×	×			×	
その他（夜食等）	×	×			×	

★言っておきたいこと

休日の食事はママの負担の無いように、夜ご飯はパパと子供たち交代で作るのもあり！

平日の朝ごはんは具だくさん味噌汁がありがたい
毎日同じで構わない

あなたには作りたい料理・作らなければいけないと思っている料理がある。

そして、家族にはそれぞれ、その時に食べたい料理がある。

その「行き違い」をなくした方がお互い幸せに暮らせるはず、という考えだ。


そもそも**「家のご飯」について、家族と話し合ったことがあるだろうか?**

それはきっと「当たり前の日常」「生きていくために必要すぎること」で、もしかしたら「呼吸をすること」と同じように、取り立てて意識せずに食べているのかもしれない。

ここで、日々の料理に対する「自分の理想」と「家族の期待」を明確にしてみる方法をお伝えする。

料理の苦痛を減らすためにも、無駄な努力はしない方がいい。


あなたが作るべきだと思っている料理と、家族が実際食べたい料理は一致しているのだろうか?

まず家族に、前ページの「シート」に沿って書き出してもらおう。期待を具体的に。いつ何を求めているのか、反対にいつ何が不必要なのか。

家族のシートが出されたらそれを一度まとめ、次の2点をあなた自身がチェックする。

(1) 過剰にやっている部分は、すぐさま業務（料理）をやめる。

(2) 期待されているができないということには、理解を求め代替案を作る。

家族とあなたの折衷案を模索しよう。

できないこと、やりすぎていることは切り捨て、お互いの着地点を見つけよう。

このシート作成の作業は、多分面倒くさがられると思う。

しかしこの作業は、**「家族の誰かが自分のために作ってくれているご飯」**をきちんと認識できる絶好のチャンスでもある。

「毎日のご飯」は手品でも魔法でもなく、誰かが献立を考え食材を手配し、誰かが調理をし、誰かが片づけてくれている。

例えばネギ一本、もやし一袋から、重たい米、油、醤油など、誰かが考え・時間を作り・買いそろえてくれるからこそ、我が家の食材として存在している。調味料が切れないように、食材の買い忘れがないように、賞味期限切れもチェックして。

それを一人で行うわけであり、その作業は多岐にわたり、口に入るまでたくさんの時間と行程を経ている。その業務ボリュームをぜひ想像してもらおう。

そして出来上がった「家族のご飯シート」はスマホで各自が撮影しておくか、貼り出していつでも見て確認できるようにしておこう。

②食材デトックスをはじめる勇気

前述の「自分と家族の料理すり合わせ」に着手しながら同時に家にある食材のデトックスをはじめよう。

これはシート作成とどちらが先でも、同時でも構わない。もっと言うと、別に「料理を苦痛」に感じていなくてもできる作業だ。

食材デトックスとは以下の２点。

(1) **今ある食材を整理する**

(2) **家にある食材でサバイバル料理を作る**

どちらも難しいルールなど一切ない。始めれば意外と簡単にできて、しかも家に溢れていた食材がだんだん少なくなっていくのは気持ちいいものだ。

最近流行りの「断捨離」や「整理整頓」などは、微塵も意識しなくていい。

(1) 今ある食材を整理する

単に「賞味期限切れを捨てる」だけだ。難しいルールも道具も一切必要ない。

驚くことに、たったこれだけでもある程度片づいてくる。すると不思議と気持ちも前向きになってくる。

流行りの「断捨離」に取り組まなくてもいいし、思考も物も「整理する」というゴールを目指さなくていい。何しろあなたは「苦痛」を感じている状態なのだから、これ以上負担をかけることに重い腰を上げる必要はない。

ただ「賞味期限切れを捨てる」を実行しよう。

冷蔵庫の一番上の奥など、無法地帯のようになっていないだろうか？　身長１６０

センチくらいだと「踏み台」がないと見渡せない不親切なエリアでもある。日々「踏み台」昇降しても良いが、それもなかなか手間だ。ならば半年に1度くらいは気合を入れて「捨てるぞ」とチェックしてみたらどうだろうか？

また、賞味期限切れが起きているのは冷蔵庫の中だけではない。常温で保存している食品棚の奥に埋もれているものはないだろうか？

いただきものの鰹節、昆布、安いときに買いだめしたパスタや乾物も要注意だ。常温保存は比較的賞味期限が長いので、ついうっかり過剰に買ったり、放置しがちだ。

そして忘れてはならないのが「非常食」。

天災は忘れた頃に……ではないが、有事の時に用意した「非常食」にだって賞味期限はある。2、3年に一度はチェックして、入れ替えのタイミングは子供と一緒に「非常食ご飯」をやってみよう。これが意外とためになり、予想以上に子供にウケる。

(2) 家にある食材でサバイバル料理を作る

食材を使い切る目的で、家にあるものだけでどれだけ料理が作り続けられるかゲームをしてみよう。これは本当に「サバイバルゲーム」感覚でやってみると面白い。家にある食材という限られた手札でゲームを展開していくと、ちょっとした知恵や発見を手にすることもある。

一回で使い切れる新鮮な野菜や、長期保存が可能な根菜などであれば多少買って追加することは許容範囲だが、これはゲームなのでなるべくルール通りにやってみると面白さが増す。結構家族もノッてきたりもして一体感が増す。

＊ありがちな食材の消費方法

・ジャム系

賞味期限切れが近いジャムはヨーグルトに混ぜてシャーベットにしたり、肉の味付けに使ってもアクセントになる。チキンの照り焼きに「マーマレードジャム」。牛肉のステーキに「ブルーベリージャム」。目先が変わって楽しめる。

・普段使いをしない調味料系（柚子胡椒、チリソース・〇〇醤など）

とにかくマヨネーズに混ぜてみる。マヨネーズの包容力は半端ないので、ほとんどの「調味料」をまろやかに包み込んでくれる。この「調味料＋マヨネーズ」をココットに入れて何種類か用意する。大皿に野菜を盛り付けディップとして添えれば、あっという間に「おもてなし料理」に早変わりだ。生野菜や茹で野菜にたっぷりつけて召し上がれ。

・ごはんのお供系（佃煮、肉みそなど）

とりあえずおにぎりにする。冷めてからも美味しいので、私はオリーブオイルと一緒にご飯に混ぜ込んでからおにぎりにしている。

いろんな味を揃えて選んでもらえばそれなりに特別感が出る。「おうちピクニック」と称して、ベランダで食べても楽しい。

・使いかけのドレッシング系

炒め物やパスタの味付けに使う。ドレッシングは濃い目の味がついており、油分もある。炒め物に使う油と調味の両方の役割を果たせる。

また、マヨネーズの代わりにポテトサラダなどの和えものに使うと一味変わって楽しい。

・非常食の整理

非常食だって賞味期限はある。しかも非常食なのでいつ食べることになるか予測もつかない。一定以上の賞味期限は確保して用意しておきたいが、２、３年に１度はチェックして入れ替えてみよう。

この非常食入れ替えのタイミングは絶好の「サバイバルゲーム」になる。

我が家はベランダにシートを敷き、缶詰とレトルトご飯をカセットコンロで調理して食べてみた。

デザートは乾パンに羊羹をトッピングして「非常食消費キャンプ」。

飲み物も贅沢はしない。長期保存可能の水だけ。食器だって紙皿にラップを敷いてなるべく実践に近い体験を。

「料理が苦痛だ」と感じて「料理をやめてみる準備」でありながら、非常時のシミュレーションという思わぬ体験にもなる。

大人も子供も、キッカケはどうであれこの体験はやってみることをおススメする。

・そして、賞味期限内だけど絶対に使い切らない食材

フードドライブを活用してみよう。フードドライブとは家庭で余っている食材を集めて機関に送ると、その食材を必要としている施設や団体に振り分けて届けてくれるシステム。私は何度かこれを利用させてもらっている。該当の食品ルールはあれど、使わない物・使い切れない物の有効活用としておススメしたい。

さあ、賞味期限切れを見つけて片づけよう。モノの片付けだけでなく自分の気持ちのお片付けにもなるし、社会貢献にだってなる場合がある。

・最後に、食材消費のおススメ調理法

食材サバイバルゲームは、手の込んだ料理を作る必要はない。

家にある食材を使い切ることが目的だ。

使い切るためのおススメ調理法は以下の2点だ。

「煮込み系」と「蒸しもの系」。

この2つでだいたいの食材は消費できるし、一度作っておくとその後の味の展開や

アレンジもしやすい。まさにリレー展開が可能なベーシック料理だ。

①「煮込み系」……具だくさん味噌汁・カレー・シチュー
↓展開例・カレー粉やトマト缶を足して味を変える。
・麺やパスタを入れ違うメイン料理にしてみる。

②「蒸しもの系」……野菜の蒸し物・魚の蒸し物・肉の蒸し物
↓展開例・タレで味の変化をつける。（ポン酢・スイートチリソース、生姜醤油）
・チーズをのせてグリルしてみる
・カレー粉などの調味料を加える
・鶏ガラスープや牛乳（豆乳）を加えて具だくさんスープにする
スープにしてしまえば、辛くしたり酸っぱくしたり味の展開もできる。

③調理をしない「ケの料理」を決める勇気

「ケの料理」とは、調理をしないでそのまま食べられる料理のこと。
そうなるともはや料理ではなく、「そのまま食べられるおかず」だ。

この「ケの料理」をたくさん発見しておくと、料理を再開した後のベースが出来る。

また、料理をしない間の「非常食」としても活用できる。

「何もしなくてもおかずがある」という状態を用意しておくことは、心の平和を確保できる。

買ってきてそのまま、もしくは切ればそのまま食卓に出せる食材とはいったい何があるのだろうか。意外や意外、これが結構バラエティに富んでいる。

しかもこれも小鉢やおちょこに入れてお一人様ずつ木や塗りのお盆で用意すれば、あっというまに「おもてなし料理」に早変わり。日本食の奥深さを感じる。

例えば、納豆、海苔、たらこに明太子、漬物に佃煮。切る手間はあるものの、かまぼこや冷ややっこ。羅列していてピンときた方もいらっしゃるかもしれないが、ほとんど「酒のアテ」にもなる。

また「美味しい瓶もの」も立派な「ケの料理」となり、実はとても重宝する。

塩辛や鯛味噌などの和物、オリーブペーストなどの洋物と「美味しい瓶もの」はワールドワイドだ。世界旅行を味わう気分で、気になるものは買いそろえておいてもいいかもしれない。

しかも「美味しい瓶もの」の偉大なところはパンやご飯に乗せるだけでなく、例のあのクラッカーに乗せて「ちょっとしたパーティー」のおつまみにもなること。

また、パスタを茹でて「美味しい瓶もの」を混ぜるだけで何種類もの味のパスタが楽しめる。

オリーブオイルやごま油、醤油や胡椒など必要ならアクセントを効かせても面白い。さらに野菜をたっぷり入れて煮込んだり、炒めたりしたら立派なごちそうにもなる。


ちなみにうちの義父は晩年、トーストしたパンに海苔と納豆を乗せて食べるのがお決まりの朝ごはんだった。いろいろ試行錯誤して「これ」というものに行きついたらしい。彼の「ケの料理」だ。

間違いなく美味しいので、他に浮気することなく「朝ごはんはこれ」と決めていた。

朝からまな板も包丁も使わず、しかも手も濡らさないで出来る。簡単なので自分で毎朝作るようになり、それだけでも義母はだいぶ助かっていたのではないだろうか？

そしてたとえ誰かが作ってあげるにしても失敗のしようがないレシピだ。

私は食べたことないが義実家に行くたびに「食べてごらん」と嬉しそうに勧めてく

れた。本人いわく「パンと納豆は意外と合う」のだそうだ。

今でも義父の姿とともに懐かしく思い出す。


また、水分が少ないものはジップ式の袋に薄くのばして冷凍保存もおススメだ。たとえば「しらす」。

私のような「手を濡らしたくない」面倒くさがりの人間は、その袋からだいたい目分量で「えい！」と割って取り出しそのまま鍋に放り込んだりできる。

我が家はこれで鎌倉名物の「しらす」をシート状に冷凍してある。朝の卵焼き、パスタの具、パンに乗せてチーズをトッピングしたりと大変重宝している。

このように「ケの料理」のラインナップや展開例を考えるのは結構楽しいものだ。そしていつか「料理が苦痛」になってしまった「その日」のために、あらかじめ冷凍したり準備をしておくのも良い。

意外と使える「ケの料理」ばんざい！

④料理をしない間の対応策を決める勇気

そうは言っても、人間食べることは避けられない。あなたが料理をしない間の緊急対応策を考えておこう。

デパ地下、お惣菜、デリバリー、冷凍食品……最近は作らなくても困らない手立てはたくさんある。よその人が作ったおかずを食べることも立派な勉強だ。一定期間と割り切って大胆に楽しく考えてみよう。家族にリクエストやアイデアなど出してもらって一緒に楽しむとなお良い。デリバリー（出前）はネットでもたくさん調べられるが、家族のためには一覧をファイルしておくアナログ対応も役立つ。

たまにはふらりとデパ地下を「視察」するのも楽しい。

デパ地下はアイデアの宝庫だ。

いろんな店舗を眺めているだけで、食材の組み合わせのヒントだったり盛り付けの見本だったり……とても参考になる。

また、今流行りのちょっとおしゃれな食材店をじっくり見てみるのも楽しい。

「〇〇の素」というのも多種あって、毎日のご飯を助けてくれる便利商品に出会えたりもする。

ちなみに私も後学のために、先日宅配食材をお願いしてみた。

指定時間どおりにクール便で届くので、冷蔵庫の中にスペースを開けておく必要もない。わくわくしながらさっそく段ボールを開けてみた。

ご案内チラシとともにカラーのレシピ、そしてその下にひとつずつちゃんとパックされた食材がずらり。楽しくてキッチンに全部並べてみた。2人分の材料なのでトッピングに使う「小ネギ」などは2本という少量パックだ。

根菜は刻んであり、劣化する葉ものはそのままの状態で入っていた。肉にはすでに下味がついていて、最後の味付け用のソースは別の袋で用意されていた。

用意するものは本当にフライパンだけ。

カラーのレシピを見ながら炒め合わせて、5分かからず出来上がり！

それはもう「調理」というより「火にかけただけ」。しかも洗い物はフライパンだけ。

食卓にホットプレートを出して目の前で炒め合わせれば、それも楽しかったかもしれない。

用意されている食材の丁寧さや簡単な調理法もさることながら、作ってみてメリットだと思ったのは「食材に無駄がないこと」。また包材においても捨てるものは包装のラップやパックだけ。それも最小限だ。

短時間で調理ができるので、料理に慣れていない人、手順を考えるのが苦手な人には嬉しいレシピであることはもちろん、食材の無駄がなく、たくさんの野菜を買いそろえる労力とお金が節約できる。人参や大根、キャベツにネギ……全部買いそろえていたら使い切れただろうか？

そして大きな野菜は意外と重いし、冷蔵庫の野菜室も占領する。そんな細かいことも「節約」「省略」できるのもメリットだ。

そして実食。美味しい！

少し薄味に感じたのは、多分お好みで調味料を付け足しができるためと健康志向か？　それも素晴らしい配慮だと思う。薄味なら調味すれば良い。

ちなみに辛い調味料は単体で別添えになっていた。辛いのが苦手な方や小さなお子さんがいる家庭への配慮も心憎い。

そして付属のレシピには「次に自分で作る時」のために調味料の配合もバッチリ書いてある。

宅配で手順と味を確認し、美味しかったら次は自分のレシピとして作って出せる。味や食材のアレンジも可能になり、自分の料理レパートリーが増えているという副産物。こんな日々進化している食のお助けサービスも、トライアル期間などが設定され体験しやすくなっている。回し者ではないが、一度試してみる価値は大いにあると思う。

また生協のように定期的に食材配達をお願いしているのならその商品の中の、冷凍やお取り寄せ食材なども挑戦してみるのも楽しい。

実際我が家で生協のお取り寄せ冷凍ものを食卓に出すと、「なにこれ初めて食べたけど美味しい！」とウケが良い。

この際、ちょっと豪華に「地方の名産品お取り寄せ」も探してみると面白い。

昔、友達に勧められて「きりたんぽセット」をお取り寄せしたことがある。きりたんぽは食べたことなかったし、あえてお取り寄せすることも思いつかない（失礼）くらい、それほど興味がない料理だった。

発注したものの、当然きりたんぽ熱はあまり高まらず、ただ食通の友達のおすすめだからと到着を待った。

何しろその友達が「絶対に美味しい！」というもので。

そしていよいよ到着した。発砲スチロールのケースを開けて驚いた。

具材全部が全部ちゃんと刻んである。ゴボウや油揚げもすごくきれいに。

包丁・まな板一切使用せずに付属の手順の通り鍋に入れ、出来上がった初めてのきりたんぽ鍋の美味しかったこと美味しかったこと！

一番好きな鍋になった。そして「これはおつかい物にも喜ばれる」と確信し、ここぞというときの「贈り物リスト」に入れてある。

このように「地方の名産お取り寄せ」もまた楽しい。

家族でネットを見ながら「これ食べたい」「これ気になる」など一緒に探してみれば、楽しいひと時を共有できる。そして到着する「ハレの日」はきっと家族がいそいそと帰ってくるはずだ。

以上が、準備編。

ここまで併行してできたら、**いよいよ「料理をやめてみる」**。

2. 料理をやめてみる【決断】

料理をやめるタイミングは、食材デトックスで家にある食材がほとんどなくなってきた時。

「やめる期間」をいったん決めて料理をやめてみる。

やめる期間はあらかじめ決めておいた方が良い。（実際は延長もＯＫだけど）なぜなら、やはり再始動するときはそれなりに心や食材の準備が必要だし、期間を決めてこそ真剣に取り組めるのが非日常体験だ。

学生の夏休みと同じように、登校日前日はブルーになるが、再開日が決まっているからこそ夏休み中は甘酸っぱく楽しい。

反対にちょっと気が重かった学校も、始まったら始まったで意外と生活ペースが戻り、気持ちも前向きにリセットされていたりする。

やめる期間は最低でも5日。ご希望なら2週間でも1か月でも自由だ。

２、３日ではちょっと忙しいし効果が薄い。なぜなら最後の１日は再始動にあたっての気持ちと食材の準備で消費されるからだ。

私の経験では、だいたい1週間もすると、自分で作った簡単なものが食べたいと思えてくる。

自分でも作れる。私の方が美味しく作れる。そんな思いも出てくるかもしれない。そんな気持ちになった時に少しでもお助けになるような「簡単自分飯」も、後出のレシピ集でご紹介しておく。

とにかくキッパリとやめる。

昼は作ったけど夜は作らない、夜は作ったけど明日のお弁当はパス……そんなゆるい決断ではなく。

一切料理から離れる決断。ぜひ気合を入れてやめてみてほしい。

3.「料理をやめて」からやるべき【実践】

さて、冷蔵庫もストレージもきれいになった。

家族とのすり合わせもできた。

調理をしない間の緊急対応策もバッチリだ。

そして再始動のベースにもなる「ケの料理」のピックアップもできている。

そしてキッパリと作るのをやめた。


そうしたら、いよいよ新しい未来のための実践編がスタートだ。

これを私は**「研修」**と呼ぶ。事情を知らない人からは「呑気に食べ歩いている」と思われるかもしれないが、これは立派な「研修」だ。中途半端にやってはいけない。

自分と家族の幸せのために取り組むためのものなので、ぜひ胸をはって楽しんで実行してみてほしい。研修を続けるうちにきっと思わぬ発見や成果に出会えるはずだ。

①ハレ料理のネタを仕入れる目的で外食に行く研修

今まで家で作ったことがない料理、気になる流行りの料理など、とにかく食べてみたい非日常の料理を探して食べに出かけよう。これもあらかじめ情報収集しリストアップしてみると楽しい。

「料理が苦痛だ」と思っていても、「料理を食べる」ことは基本みんな大好きだ。可能なら思い切って遠くに出かけても良いし、そうと決まったら予約をとって家族や友達と出かけるのも良い。

もし家族と一緒に行くなら家族の味の好みを確認できるし、友達と一緒に行くのなら作り方や味付けなど、一緒に探ることも楽しい。

自分が食べたい料理、作ってみたい料理、そして家族に食べさせたい料理。

材料、味付け、食材の切り方、盛り付け……勉強になることばかりだ。

また、単に食べるだけでなく何か参考にならないかと考えながらいただく食事もまた楽しいものだ。

料理が苦痛でも、「あの料理を食べに行ける」というイベントをひとつ入れただけで結構元気になる人もいる。

そのように、たまの外食はそれだけで気分転換になる。

しかし、今日一日だけ、今晩1回だけ外食……となると、単なるイベントである。**「研修」**とは言えない。

1回限りの外食なら、日常の中でもよくあることだからだ。

今回のあなたは「苦痛を治療するため」「リセットして料理に向き合うため」の重大ミッションを抱えている。

ぜひ一定期間を設けて積極的にたくさんの「外飯」を視察してほしい。

なにも高級店ばかりでなくてよい。ラーメン屋さん、ファストフードにだって発見はあるはずだ。

また外食したからこそ、自分の料理に自信を持てるという場合もある。

不思議なもので、味覚も好みも人それぞれ、いくら人気があって口コミ評価が良くても、食べたら?？?という場合だってある。

もしかしたら「私の料理のほうが美味しいわ」と自信を深める良いきっかけになるかもしれない。

そして外食研修の楽しみは、**「これ家で再現してみたい」**という料理との出会いと、実際自分でレシピを探して作ってみることだ。

今はネットにレシピが溢れ、また「再現レシピ」なるものも多数見かける。気になる料理はそれらからヒントをもらい、ぜひ挑戦してみてほしい。

当店の料理サロンでも某人気店の「焼きそば」を再現したことがある。作り上げた時には「そうそう！　これこれ」と歓声があがり、写真をアップしたらとてもたくさんの反響をいただいた。

「マネしてみたら上手に出来た」という体験は、子供が成長していく過程と同じだ。そうなると料理は成果発表会・研究発表会のような楽しみ方ができる。

食卓で起こる歓声をイメージして、気になる外食に出かけよう。

②料理本を読み込んでみる研修

研修は食べ歩きだけではない。実は**料理本を読むというのもおススメだ。**

気になる料理本を**繰り返し3回**読んでみよう。

「3回」とは、

(1)眺める

(2)気になるレシピだけざっと読む

(3)そのレシピの作り方を頭の中でシミュレーションする

という流れ。

そもそも料理本とは料理を作る時にだけ読むものにあらず。それは文章を頼りに頭の中で行程をたどって写真と同じようなものを作る……実はとても高度な「脳トレ」でもある。

私は、寝る前になんとなく気になる料理本を手に取り、眺めるようにページをめくるのが好きだ。

気が向けば材料と作り方を見る。

私のレシピ予備軍になるのは、材料が簡単（少ない）ことと、作り方が３行程度にまとまっていること。なにしろ手順が難しい料理は、文章を読んでも頭に入ってこない。お年頃になった。

これは出来そう！というものに出会ったら、そのレシピをじっくり読んで脳内で調理シミュレーションしてみよう。ここまでできたら、そのレシピはあなたのレシピになる。

そしておススメは、この３つのステップをそれぞれ**時間を置いてやってみる**ことだ。

その日に「美味しそう」「作ってみたい」と思っても、時間を置いて見てみると、そうでもなかったり、また逆もある。

数日後にまた手に取ってみる。不思議なもので、その時によって気になる料理が変わったり、前はあんなに「難しそう」と思ったのに作り方の手順が意外とすんなり入って来たりする。

もしかしたら人と同じで、料理にも「出会うべきタイミング」というものがあるのかもしれない。

この**「眺める」「ざっと読む」「シミュレーションする」**3つのステップを繰り返してみて最終的に残ったのが、**「本当に作る料理」**だ。

まずは気になる料理本をざっと眺めてみよう。

文字で書いてある手順を見て実際の調理をイメージする作業は、実はものすごく頭を使う（と思う）。結構疲れるのでもしかしたら痩せているかもしれない！

「エアー調理」はゲームとしても楽しいし、私などボケ防止で取り組んでいる。

そしてエアー調理を繰り返しておくと、実際作り始めた時驚くほど順調に調理を仕上げることができる。

スポーツで言うなら、本番で力を発揮するための「イメージトレーニング」のようなものだ。

料理を作るのは苦痛でも、本屋さんで料理本を眺めたり買ったりするのは楽しかったりする。

これも研修だ。

③料理教室をのぞいてみる研修

「のぞいてみる」というのは、

「作る料理教室」に通わない

という意味だ。ぜひ「自分で作らない」料理教室を探してみてほしい。

何も「作る料理教室」を否定しているわけではないが、なにせあなたは研修中で、料理を作らないという選択をしている真っ最中だ。したがっておススメは「料理をしない料理教室」、つまりデモンストレーション形式（見学形式）の料理教室になる。

最近はデパートの地下の食料品売り場の一角や、大きめの食材店でも商品の紹介がてら作り方のデモをしているところがある。

これらはとても気軽に参加できるので、うまく活用して「へぇ」と思う料理を見つけたら良いと思う。単純にレシピだけでなく、調味料使いや盛り付けや手際なども勉強になる。

ちなみに、自分で作らない料理教室に対する意見は二手に分かれる。「作らないと覚えない」という方と「見ていればだいたいの流れはわかるから大丈夫」という方。

前者のご意見の方は、ぜひ「実技」があるお教室に通われることをおススメする。一方後者の「見てるだけ」でだいたいわかる派は、デモンストレーション形式の料理教室がおススメだ。

日常料理をしている方ならば、基本「一を聞いて十を知る」スキルは十分身についている。

ちなみに当店CafeRiettaでも「料理をしない料理教室」を絶賛開催中だ。

自分に合った料理教室を見つけていただくために、次に少しだけ**「料理教室あるある」**に触れたい。

・料理教室あるある

⑴実技式の料理教室

いまだ多くの料理教室は「自分でも作る」教室だ。エプロン持参で先生の説明を聞いた後、もしくは聞きながら作る。ケーキなどは一人一台の個人実技だが、大体の料理教室は「グループ数名」で一緒に作る。

＊実技式の料理教室の良いところ

実際に自分で作ってみるので手順がわかり、味の具合も確認できる。

人と一緒に作る事の楽しさや発見がある。

作らないと食べられないので参加意識が高まる。

家に帰って作る時に始めに作った時の反省点を活かせる。

……というように、やはり自分で作ってみないとわからないという方はこちらがオススメだ。

＊実技式の料理教室の気になるところ

何と言っても手ぶらではない。（エプロンくらいで文句言っちゃだめだけど）

そして作る・片づけるという労力と気合が必要。

慣れない調理道具、環境、グループの人と一緒に作らねばならない。

外でも料理を作らなければいけない。

グループ調理は担当制になり、全体の流れがわからないことがある。

……これは例を挙げて説明する。

例えば「常連さまご一行」と一緒のグループになってしまった場合。

少数勢力としてひたすら鍋を洗うとかひたすらじゃがいもを剥く……などの下っ端の作業に明け暮れることになりがちだ。気づいた時には料理が完成していて全体がわからなかったという話を聞くことがある。

他「ずっと魚の焼き加減を見ていて終わってしまった」「同グループの方に風邪をひいている方がいて、くしゃみをするたびに気が気じゃありませんでした」「初めて会う方たちに気を遣って調理してクタクタになった」などなど。一期一会というかなんというか……。

また、とある方に聞いた話では、グループの中に先生のレシピと味覚の合わない生徒さんがいたらしい。先生のレシピ通りに作り上げたものの、「味が薄いわね」ということでその生徒さんの加減で塩と醤油を追加したらしい。

これにはその方は猛抗議。「私は先生の料理を習いに来たのであって、あなたの味を食べに来たわけではない」と。ごもっともな話だ。

一方、うちのようなデモンストレーション形式の「料理を作らない料理教室」にご参加の方は、前述の実技式の料理教室が合わなかったとおっしゃる場合が多い。

当然「実技式の料理教室」を否定するわけでもなく「作らない料理教室」にだって一長一短がある。

(2)デモンストレーション形式の料理教室

これは本当に手ぶらで来て、座って、見て、食べて帰る（片付けもなし）というお気軽パターン。当店でも「お気軽料理サロン」と呼んで多数ご参加いただいている。

＊デモンストレーション形式の料理教室の良いところ

手ぶらで参加できるし調理・片付けがないので疲れない。

眺めているだけなので気楽だ。

次々料理が出てきて普通のランチと変わらずお客様として楽しめる。

家で家族に料理を作る気力と体力が残っている。

＊デモンストレーション形式の料理教室の気になるところ

結局自分で作らないので家で再現できない。

メモをしたつもりでも実はわかっていなかった。

寛ぎすぎて途中寝てしまった。（うちの料理教室でたまにあります）

見ているだけで理解するのは料理初心者には難しい。

デモンストレーション形式の料理教室はどうやら「料理に慣れている方」が対象であって、料理初心者には少々ハードルが高いのかもしれない。

実際当店の料理サロンでも「ほとんど料理をしたことがない」というお嬢さんがご参加された。結局「もう少し勉強してから出直します」ということでリピートはなさらなかった。

またある時、男性のご参加者の方の意見が面白かった。

料理の最終的な味付けで「塩加減は適量で」と申し上げた時だった。

「私の仕事は1ミリの狂いで人の命に係わることがある」「塩加減はきちんと何グラムで教えてほしい」

聞けば宇宙事業のなにかしらの設計をなさっている方とのことだった。

もちろんちょっと大げさにおっしゃったとは思うが、なるほど……見てるだけで作らないといっても合う人合わない人がいるんだな。と痛感したことがある。

④料理演出アイデア実践

ハレの料理のいくつかを習得したら、いよいよ実際にお披露目してみよう。

ただ作って出すだけでなく、**「ここぞ！感」**が大事だ。

その「ここぞ！感」のためには「演出」と「タイミング」が重要だ。

特に演出することによって、自分も非日常として気分を上げることができる。

そしてなにしろ、料理を「美味しい」と思うのは「目から入る情報」と「その場の雰囲気・人」で8割以上形成されるというから。

その前にまず**「ハレの料理」**を披露するタイミングも考えておこう。

家族のお誕生日や記念日など「ここぞ」の時にお披露目する。

またそれほど特別でなくても、例えば「定期テスト終了記念」「お給料日」など家族の節目や日常にあえてスポットを当てるというのもある。

そしてその「ハレの料理」は普段の「ケの料理」がベースになっているからこそ、一層引き立つことになる。

これぞ「地味飯」を貫き通した成果と言えなくもない。

では肝心の「演出法」をのアイデアをいくつかあげてみる。例えば……

・お品書きを書く

あえて毛筆などで書いてみたらちょっとした小料理屋さんみたいで楽しい。

たとえ「枝豆」や「冷ややっこ」でも白い紙に筆ペンで書くとちょっとお店屋さん気分を演出できる。

・小鉢をたくさん使う

ちょっと食器洗いは面倒くさいが、小鉢やココット、おちょこなどに少しづつ盛り付ける。それだけで「料亭感」が出る。普段水を飲む小さめのグラスなども良い仕事をしてくれる。

・普段使わない食器を使う

例えば「重箱」。これはなぜかとても「特別感」が演出できる。和風に限らず洋風中華なんでもけっこう「サマになる」。デザートにも使うことがある。

また重たいし洗うのも大変だからとしまい込んでいる「大皿」を出そう。大皿にちょこんと盛り付ける。もしくは大皿に大胆に山盛りに盛り付ける。どちらも「非日常感」がある。

・食器ではない物を器として使う

たとえばお酒を飲む「升」。これにご飯・麺など主食はもとより、和え物やデザートでも面白い。下に折り紙やきれいな包装紙を切って敷いても素敵に見える。ケーキの型や計量カップも食器として使える。それはまるで外国のカフェのように演出できる。サラダを盛ったりドレッシングを入れてみたり、研修を思い出して食器使いを楽しもう。

そして実際外国のカフェで思わず「おしゃれ」と全員でため息を漏らしたことがある。イタリアンレストランで焼きたてのパンが「茶色い紙袋」(外国の市場でよく使ってるやつ)に入れて無造作にテーブル中央に置かれた時。……なんてことはない。というか、紙一重かもしれない。が、これがものすごく洒落ていて、私たち女性の目はハートになった。

・型を抜く

型を抜くということで一番イメージしやすいのは「ケーキ寿司」だろう。
これは専用の型などなくて大丈夫。牛乳パックやお鍋に直で大丈夫。

型にラップを敷いて具材と酢飯を順番に敷き詰め、大きなお皿をかぶせひっくり返す。あっという間に「ケーキ寿司」の出来上がり。

お誕生日やお祝いに用意すれば、簡単なのになぜかすごく特別感があって盛り上がる。また切り分ける作業もなぜか盛り上がるし、人数もフレキシブルに対応できるのは持ち寄りパーティーでは助かるポイントだ。

型のまま持ち運べば到着まで崩れる心配もない。また、自分が作っておもてなしする場合は、型で抜かずとも一人ずつ小鉢や透明なグラスに盛り付けても素敵に見える。

……と、ここで「型を抜く」ときに使う「セルクル」の代用品として、目からウロコの方法をお伝えしたい。

これは料理サロンでお伝えして大絶賛を受けた「なんちゃってセルクル」。

ご存知の通り、セルクルとは筒状のもので丸く型を抜くための料理器具だ。サラダや前菜のみならず、デザートでも使われることがある。

しかしこのセルクルを家族の分だけ買いそろえ、収納するとなるとちょっとスペースが必要になる。

そこで皆さんお待たせしました！　セルクルを即席で作ります！
使うものは透明なクリアファイル。以下に作り方とおススメの使い方をあげておく。

（自分で作る即席セルクル）

①クリアファイル（透明）を５センチ幅で横長に切る（片面で６枚出来る）
②脇と下のプレスしてあるところはハサミを入れて切り離す
③約５センチ×22センチの細長いシートが出来上がる（全部で12枚）
④それを「使いたい直径」まで丸くして重ね合わせた場所にマスキングテープで留める

これで完成！　直径が自由に設定できるし、大きく使いたいなら２つをつなぎ合わせて特大にしても構わない。クリアファイルは１００円ショップで売っているものなら10シートで１００円、つまり１シート10円。そこから12枚できるので、１枚あたりは…相当お安い。使い捨てにしても良いし、テープをとって洗って重ねればほとんどスペースもとらないで収納できる。またご飯ものなど乾きやすいものは食べる直前までセルクルをつけっぱなしにしておけば乾燥も防げる。

もしお子様の誕生日などで使うなら、透明のクリアファイルでなくても色付きで、そしてマスキングテープもかわいらしいのを使えば喜ばれる。

とにかく変幻自在、アイデア満載のこのセルクル使い、一度お試しあれ！

・食器に高低差をつける

大皿の上に器を乗せたり、小鉢をさかさまにして中皿を乗せて燭台のようにしたり……お皿や器をそのまま使うより、重ね使いしてみよう。

ちなみにお皿で万能なのは白。熱々料理を盛り付けるなら黒系が湯気が見えて美味しそうだ。不思議な事に「高い皿ほど割れやすい」というジンクスが我が家にあり、先日も１００均で買った小鉢が食器棚から滑り落ちそうになり、焦って手を伸ばしたらビンテージのお高い皿を割った……という事件があった。しかし形あるものはいつかは壊れる。高いお皿も使ってこそだ。

さあ、棚の奥から取り出して「ここぞ」の時に使ってみよう。

最悪料理がいつもと同じでもこれでどうにかなる。

食卓に高低差、お皿に大小があると不思議とおしゃれ感が増す。

・ソースでごまかす

せっかく作ったハレ料理。もしくはちょっとお高いお惣菜。おソースどうしてますか？

ソースは市販でもその「かけ方」でいくらでも特別感は演出できる。

たとえスーパーで買ったコロッケでも、家にあるソースを上からかけてはならない、というだけのこと。つまりソースは「下に敷く」もしくは「まわりに描く」この2点のいずれかをお試しいただきたい。

この場合のソースはあまりサラサラだと成功しないのでとろみのあるソースが大前提。

もしサラサラすぎたらマヨネーズ・ケチャップ・粒マスタードあたりを少し混ぜてみよう。味も変化が出るのでどうぞ確かめながらチャレンジしてみてほしい。

だから普通のコロッケでもソースを丸く延ばしその上に置く、もしくは中央にコロッケを乗せてそれを囲むようにちょっとランダムにソースで囲む。

「ちょっと今日はどうしましたか！」ってくらいグレードアップしますよ。

・トッピングで盛る

ソース使いと合わせ技でもＯＫなのがトッピングだ。

小ネギ、白髪ねぎ、細切り唐辛子、かつおぶし、ベビーリーフやハーブなど。料理の上にファサっと乗せるとこれがまたなんともカッコいい。

ただしどれもシナシナになりやすいので食べる直前に乗せるのが正解。

以上が**「研修」という名の「実践」**。

そしてこの研修を続けていくと、いつしか気持ちと知識が充電されてくる。

考えてみれば小中高の家庭科以外で「料理を習う」とか「料理を勉強する」をキチンをやったことがあっただろうか？　よっぽど料理の専門家として働かない限り、「習う」「勉強する」をやるのは学生時の「調理実習」程度ではなかっただろうか？

もちろん「親に教わる」というのもとても大事だ。特に家庭の味を受け継ぐにはこの方法しかないと思っている。

ちなみに「全く料理をせずに結婚した友達」の衝撃エピソードがある。

あまりに何も作れない彼女は、ある日「○○屋の麻婆豆腐の素」を購入した。いそいそとキッチンに立ち作り始めたところで疑問がわいた。そして私に電話がかかってきたのだ。当時私も全然料理をしなかったので、なぜ私に聞くのか不思議だったが多分「料理をしない仲間」として聞きやすかったのだと思う。

「ねえ、麻婆豆腐の素を炒めてしばらくたつんだけど、一向にお豆腐が出没しないの」……はい???　最初は意味がわからず何度か聞き直したと記憶している。

どうやら彼女は「ビニールに入った麻婆豆腐の素にお豆腐も全部入っていて水を足して炒めれば、そのうちお豆腐が出没すると思ったらしい。

宇宙食か！　箱の裏を読みなさい！と思ったが、素人こそ何も疑わず説明を読まないものなのかもしれない。

……というように、意外に「料理が作れないで大人になった」人が多い。

私もその口だ。

それならばなおさら、大人になって自分が料理をするようになってから、新たに時間を作って勉強してみるのも面白い。

意外に新鮮で、少なくともそれまで日々実際に調理をしてきたからこそ吸収できることも大いにある。

一人で料理を作り続けて苦痛に感じてどうにもならなくなったら、それは「機が熟した」ということ。

前向きな自分の気持ちを受け入れて行動すれば、思わぬ発見が待っている。

最後に、実際うちの料理サロンでも繰り返しお伝えして、ほとんどすべての方が「へえ！　知らなかった」とおっしゃることがある。どんな小さなことでも知らないものは知らない。誰かに習ってみる、料理教室に行ってみるとこんな小さな発見も盛りだくさんだ。

以下、大好評の**生姜の保存方法**と**大葉の保存方法**だ。

どちらも別に知らなくても構わないが、知っているとちょっと便利だし人に言ってみたくなる。

〈生姜の保存方法〉

使いかけの生姜は意外と黒くなってしまうのが早いもの。いったん使い始めたら大き目の瓶に入れて水をひたひたに注ぎ冷蔵保存。
ただし「香り」は飛んでいくので、「香り重視」の場合はこの保存法にあらず。瓶の水は2日に1度は取り替えてほしいが、これで1カ月くらいシャキシャキで使える。針生姜もきれいに出来てうっとりする。

〈大葉の保存方法〉

大葉もお安いときにまとめ買いしてしまうが、使う時は意外と2、3枚ずつだったりする。したがって買ってきたらサッと水洗いして向きを揃え、軽く水けをきり茎を下にして瓶に入れる。軽く水を切って入れておけば自然に瓶の下に水が少したまる。これだけでOK。蓋をして冷蔵保存で2週間くらいは青くイキイキとした大葉が楽しめる。こちらも2日に一度はサッと洗って瓶詰し直すのをお忘れなく。水は腐りますから。

第4章 これなら作れるレシピ集

「料理をやめてみよう」を実行なさった方も迷っている方も、いまだ「何を言ってるんだか」と思っていらっしゃる方も。

この本を手に取っていただいたからには、少なからず料理にまつわる苦痛にお悩みのことと思う。

この章ではゆるく始められる・そして一度作れば３日展開できる料理のレシピをお伝えしたい。

とっかかりやすく無理なく継続していくためには、以下の３つがポイントだ。

①極力ハードルが低い料理であること
②作ったら褒められる料理であること
③パターン展開していける料理であること

実際のレシピをご紹介する前に、前述の３つのポイントを少し説明していきたい。

①極力ハードルが低い料理

人生いろいろ、苦痛もいろいろ。料理について様々な苦痛と向き合っていると思う。

例えば料理をやめてみたとしても、その感じ方もそ人れぞれだろう。

やってみたら本当に楽チンと思う肯定派。

かたや、料理をしない自分に居心地の悪さを感じて焦る懐疑派。

解き放たれた解放感も、作らない罪悪感もどちらも間違ってはいないし、だれしも両方持ち合わせている感情ではないだろうか。

だから、いつどんな気持ちでいてもそのままでいいと思う。

特に多少の罪悪感を感じるのは当たり前で、それは今まで「ちゃんと作る」ということに真剣に取り組んできたからこそ抱く感情だ。

そして料理を作り始める再始動の日を決めてあっても、その通りにはいかないのもまた常だ。

なにせ結局「自分のやる気」の問題だったりするから。

いったいこの**「やる気」**とは、どこにあるのだろう？

「そろそろ作ろうか」「作ってみたい料理ならある」としても、重い腰は一向に上がる気配がない。

やる気スイッチなどどこにもなく、結局「やり始めるとやる気は自然と出てくる」など、禅問答のようなことを言われる。たしかにごもっともだと思うが。

しかし、その「やり始める」ための「やる気」が出なかったりする。

やり始めるやる気を出すためのやる気を出すためのやる気……無限ループ！

私も「明日予約が入っているからどうしても今仕込みを始めなきゃマズい……」という追い込まれた時でも、重い腰が上がらず、ただダラダラと時間だけが過ぎていくことがある。

そんな時は深く考えずに**「まずキッチンに立ってみる」**。

「料理？　しないかもしれないよ。でもちょっとキッチンにだけ行ってみよう」と一人で小芝居をしながら。しかしその瞬間も気持ちは沈んだままだ。

そして**一番簡単なこと、気づいたことをとりあえずやってみる。**

例えば「お湯を沸かす」「卵を茹でる」。

まずは小さなことからコツコツと。

そしてその待ち時間にグラスを２、３個洗ったり、汚れたレンジのドアだけちょっと拭いたりする。

そうすると隙間時間に「見える成果」が少しだけ出てくる。

すると気持ちは依然沈んだままでも、もう少しだけやっておこう、キッチンにいるついでにここまでやっておこう……と自然と次の小さな作業に手を出していたりする。


まず簡単なことから。低すぎるハードルから。


エンジンがかかったとしても、フルスピードを出さなくていい。

自分を追い込まない、重荷に感じないという安全第一の徐行運転から始めよう。

だからそんな時にまず作る料理は、きわめて「ハードルが低い料理」「特に考えなくていい料理」に限る。

そしてこの復活策を知っておくと、次にまた「苦痛」を感じた時、ちょっと安心して「料理をやめる」決断ができる。

いくら注意をしていてもたびたび風邪をひくように、料理の苦痛はまたあなたを襲ってくる時が来る。

その時に「やめる」「復活する」の具体的な流れを知っておけば、少しは安心していられるのではないだろうか?

②作ったら褒められる料理

人間だれしも「褒められて伸びる」タイプだと思う。私も当然そうだ!

そして料理はとてもそれがわかりやすい。

「わかりやすい」ということは「やりやすい」ということだ。

「作る→美味しい→褒められる」のループに入れば、しばらく頑張れたりする。

せっかく作るのならば、食べる人に褒められるレシピを紹介したい。

前にもお伝えした通り、人は見た目で判断するもの。

料理もまたしかり。自分で食べるなら見た目は構わないけど、人の目に触れる料理はちょっとしたお化粧も必要だ。

研修で覚えた「珍しい料理」や「豪華料理」にもトライしてほしいが、それはやる気が満ち足りている時こそだ。

家族に褒めてもらう料理は、まず「わかりやすい料理」が第一。

そして「多少の演出ができる」料理であることが大事。

最新のレシピに挑戦する前に、家族にもなじみがある「わかりやすい家庭料理」からエンジンを始動していこう。さっそく褒められて背中を押してもらおう。

せっかく徐行運転を始めたあなたのやる気にブレーキがかからぬように、無理なく家族に喜ばれる料理をお伝えしたい。

褒められて、良かった。

褒められて、嬉しい。

そんな思いを都度味わってほしい。

けれどその前に、いったん料理をやめて試行錯誤し、見事復活しようとスタートラインに立っていることに最大の称賛を送りたい。

おかえりなさい。

③パターン展開していける料理

これはうちの料理サロンに生徒さんが通い続けてくださる大きなポイントらしい。一度作れば何度かアレンジ可能。

私がお伝えしているのは「正しい料理」でも「こうあるべき料理」でもない。だからといって「雑な手抜き料理」や「食材に敬意を表さない料理」になってはいけないと肝に銘じている。

伝えたいのは、実際「自分だったらこうする」という私ならではの「素人目線」。「下から目線」で見つけた料理のポイントだ。

実際私もこれまで、いくつか料理教室に行ってみて思ったことがある。

「ああ、苦手な食材使ってる」「辛いと子供は食べないな」「食べきれなかったらどうするんだろう」「お弁当に入れるには」など……

実際目の前で習っている料理を見ながら、頭の中では「自分の生活での展開法」をずっと考えている。

この「我が家のご飯にカスタマイズするために」という目線で見るということは大きな収穫だった。

その後、自分で料理を伝える側に立った時、自然とそのポイントをお伝えすることにとても力を注いでいった。

教わった料理を作った後、少しずつアレンジして３日イケる。とか、余ったものを冷凍して数日後に味を変えて出すと家族にバレない。とか……。

料理サロンの生徒さん達の料理展開力に驚くとともに、学ぶところも大きい。

料理サロンで私は常に「作りながらしゃべっている」状態だ。

毎回、喉がカラッカラになる。

食材の変更例、冷凍方法、おもてなし料理に格上げするには……などなど伝えたいことが山ほどあるからだ。知っていれば助かるポイントだから。

この後ご紹介するレシピは、どうしてもお伝えしたいそんなポイントもできる限り盛り込んだ。

「具を変えてもOKです」「カレー粉を混ぜてもイケます」「最後はチーズをかけて焼きましょう」など、一度作ったらそこからアレンジができるようにお伝えしていく。

毎日の料理を作り続けるならば、新しい料理のレパートリーを増やすのも大事だが、習得したひとつの料理を少しずつアレンジして「家族に飽きられず」「自分も楽チン」なリレー料理を展開していくのも、自分を助ける術だ。

ちなみに**「料理は3度作らないとモノにならない」**。

自分の味にするため、家族の好きな味にしていくため、手順を自分にしみこませるため、アイデアを思いつくため……一度じゃわからない。

あれこれ手を広げる前に、いくつかの料理を繰り返し作って「自分の料理」にしてみてほしい。

そうすれば数種の鉄板料理から無数の展開が思いつくようになるだろう。

鉄板レシピを持っている。
そこからたくさんの展開が簡単になる。
それが毎日料理を作る上で最強の手札になる。

＊パターン展開料理とは…

「自分飯」　簡単で美味しければＯＫ。
↓
「家族飯」　ひと手間かけて少し豪華に。
↓
「よそ行き飯」　おもてなしにも使える見栄えと演出。

まずは簡単で美味しい「自分飯」がスタートになるので、これを「蒸す」「煮る」「焼く」の調理方法の切り口でご紹介していく。

その前に、最後に**「よそ行き飯」**についてふれておく。

おもてなし料理である「よそ行き飯」には2種類ある。

ひとつは自分の家に人を招いてのおもてなしと、もうひとつは人の家の集まりにもっていく持ち寄りだ。

私たちを悩ませがちな後者の**「持ち寄り飯」**について少し紹介をしたい。

長く生きていれば多分何度か「お料理を何か1品持って集まって」という事態に遭遇する時がある。

いったい誰が集まるのか？　何を持っていくか?を含め、この「持ち寄りパーティー」は気が乗らない時もある。

何か特別な料理を、おしゃれな料理を、アッと驚かせる料理を作って持っていかねばならぬ……と。とにかく気後れしてしまうことがある。

昨日の残りの煮物を……というわけにもいかない。（と自分は思っている）

ただ、おしゃれ料理を狙う一方で、「え、こんな地味飯が！」とびっくりするほど普通のおかずがウケたりもする。いわゆるおばあちゃんが作るお惣菜のようなものが。

茶色一色とか、派手さゼロのアースカラーのような地味なものが。

不思議なもので、そんな「昔食べた懐かしい味」「それで育った大好きなおかず」が意外や意外ウケたりもする。

よって「持ち寄り飯」もＴＰＯとメンツが大事であり、なにしろ必要以上に奇をてらわないことが大前提だ。

飲んべえさんの集まりには「おつまみ系」や「炭水化物」、女性や子供中心の場合は「とり分けが簡単なもの」や「デザート」と大体の定番がある。

そして「持ち寄り飯」にとりかかるにあたり、陥りやすい罠がある。

それは、魔が差して**作ったこともない料理に手を出す**という罠。これはご法度だ。せっかくの機会だから普段作らない物を……作ったことないけど作れそうな気がする……それも楽しいかもしれないが、失敗のリスクが極めて高い。一度冷静になろう。

ちなみに失敗の数なら私も負けない。もしかすると成功例よりも多いかもしれない。

それは子供のサッカーの打ち上げパーティー。友達の家で持ち寄りになった。長年一緒にサッカーをした子供たちの引退試合後の内輪の集まりだった。

料理上手なママ友たちに主食は任せて、私はデザートでも作るか……と。そこまでは良かった。しかしついつい「魔が差して」しまった。

よせばいいのに、「サッカーボールのケーキをつくってみよう」とひらめいてしまった。今考えても恐ろしい。

あの日のあの瞬間に帰って即刻自分にレッドカードを出したい。

しかしその時は完全に自分を見失っていた。

スポンジケーキをプレーンとチョコの2種焼いた。

スポンジ自体は何度も焼いているので間違いなく出来上がった。

そしてそれぞれをサッカーボールの柄の形に切った。

ここで少し不安がよぎる。でももう後戻りできない。

そしてつなぎ合わせようとしていくうちに……

結局スポンジはボロボロになり、当然球体になどならず見るも無残な姿の物体を目の当たりにして我に返り、そして絶望した。

スポンジケーキまでは上手に焼けたのに、だ。

少し洒落っ気を出したばかりに墓穴を掘った。というか、料理はシンプルに！　いじくらない！と、常々人様に偉そうに言っておきながらの事の顛末。

結局、途中のスーパーで箱のアイスクリームを買い、遅れて参加した。

新作料理もまぐれで美味しく・きれいに仕上がるかもしれないし、料理でサプライズなんて楽しそうだと思う。

しかし、労力だけかかった割には失敗に終わることが多い。

したがって「定番料理」を２、３持っておいて、ＴＰＯとメンツによって選べばいい。

その２、３しかない定番料理だって、味のアレンジや盛り付けで展開が可能だ。

それ以降、時に調子に乗りそうな自分をいったん立ち止まり戒めることにしている。

サッカーボールを思い出せ。まず冷静になろう、と。

しかし本当に苦痛なのは、料理が失敗してしまった時よりも料理そのものを作りたくない時だ。

どうしてもどうしても「作りたくない」「気が重い」という時がある。

ならば、「自分じゃ買わないお惣菜やスイーツ」（ちょっとお高いやつ）を買って持っていこう。

少量でもいい、なぜなら高価だから。

下手に自分で作るよりも「これ食べたかった！」と話題をかっさらうこともある。

実際我が家でも持ち寄りパーティーをした時、あるママ友が仕事の都合で料理が作れなかったと遅れて現れた。

無理に作らなくても全く構わないのだが、どんなにそう伝えても招かれた方は一定の責任を感じるものだ。自分も逆の立場だったらそうだろう。

「ごめんね、これデザートにして」と**イチゴの箱**を差し出した。

その場の大人はその箱を見た瞬間色めきたった。

「コレいくら？」と無理やり彼女から値段を聞き出し、はじき出した金額1粒500円!!!「500円!!!　これ1パックの値段だよ」「早く隠して！　子供には内緒に！」

ものすごいスピードでイチゴを隠し、キッチンに集合した大人たち。

子供そっちのけで「大じゃんけん大会」が始まった。絶対に負けられない戦い。

結局高級イチゴは他のどんな料理よりも注目と喝采を浴び、笑いと涙（？）の壮絶な戦いを経てみんなの胃袋へと消えた。

数年たった今でも「あの時のイチゴ」と話題に上ることがある。

ここで言えることは、特別作らなくてもいい。いつも作らなくてもいい。

みんなそれほど人様の料理を見てないし、人が作るものに特別大きな期待もない。その場が楽しいこと、「楽しい」をみんなと共有できること、それが一番大事。

その証拠に私のOL時代、全く料理をしなかった私が職場の「持ち寄りパーティー」に参加するときに取った苦肉の策。

……竹輪にキュウリをつめました。以上。

けれど、お酒大好きな大人の集いではこんな「理解しやすいつまみ」が意外に助かったりする。気づけば誰一人褒めてはくれなかったが一番最初に売り切れていた(笑)。

しかも「あれ？　竹輪キュウリもうないの？」のお声まで。

後日「竹輪キュウリとはずいぶんな勇気だなぁ」と本音を漏れ聞いたが、毎年続く職場の持ち寄りパーティーの「料理最低ライン」を示せたことで苦痛を感じる後輩たちに道を切り開いたと自負している。

実際翌年は「ゆで卵」を持ってきたツワモノもいた。

「遠足じゃないんだから」と突っ込まれつつも大盛り上がりで、背中丸めて殻を剥き剥き食べたゆで卵は今でもしっかり記憶に残っている。

これにはカラクリがあって、なんとそのツワモノは「超入手困難な高級塩」も持参していた。「一振りいくら？」などと騒ぎながら食べたゆで卵の美味しかったこと楽しかったこと！　（しかしいつも値段で盛り上がる……汗）

一方、ちゃんと作ってくる人もいる。

そんな「他人の料理」は自分のレシピの参考にもなる。

実際あちこちで「これどうやって作るの」と質問しあう風景もよく見る。

たいてい「これは超簡単で……」と話が始まる。

3日前から仕込んで、今日も午前中はずっとこれを煮込んで……などという手間がかかる料理を、女性は絶対に作らない。大抵「簡単で見栄えが良いもの」をセレクトして持ってくるし、調理時間はせいぜい30分がいいところだ。

そんな「簡単美味しい料理」が盛りだくさんな持ち寄りパーティーは、ネタを仕入れる場として参加する気持ちでどうだろうか？

けれどどうしても気が重いとき。そうは言っても何か作らないとダメな時。

キッチンに立ったらすぐに出来る簡単なレシピ・失敗しないレシピを少しだけ紹介しておく。あなたはキッチンに立つという小さな「やる気」だけ出してほしい。

作って持っていけば大絶賛！とまではいかなくても、集まる人を選ばず必ず売り切れる定番レシピだ。

もちろん時と場合によっては「竹輪キュウリ」「ゆで卵」の方がウケる時もあるが。

鉄板レシピ「全部一度に」

料理に苦痛を感じる人のためのお助けレシピ。

全部一度に鍋に入れてほしい。全部一度にフライパンに放り込んでほしい。

あとは火を入れるだけ。

中には食卓上にホットプレートを出し、家族でそれを囲みながら出来立てを食べることも可能なメニューもある。

簡単で楽しい家族のご飯。

ぜひ3回つくってあなたの家庭の「カスタマイズ」を発見してほしい。

＊分量は4人分で表記

蒸す・煮る・焼くの簡単調理カテゴリー別に、おススメ料理を紹介している。

「自分飯」→「家族飯」→「よそ行き飯」と順をおってアレンジが可能。

まずは基本の作り方で「自分飯」。
そこからステップ１で家族に褒められる「家族飯」。
さらにステップ２でおもてなしに使える「よそ行き飯」。

さらに、当日（または前日）の隙間時間や気分が乗った時にちょっとだけやっておく**「事前準備」**は、やる気がないけど仕方なく台所に立った瞬間に心から「自分グッジョブ！」と思える救済ポイント。

絶望的な急な坂道を前にママチャリで漕ぎ出すか、電動アシスト付き自転車で行くか……くらいの違いがある。

① 豪華に格上げ「上海風やきそば」

３個パックの「やきそば」は自分一人飯・子供の休日飯の救世主。付属のソースにはちょっとお休みいただき、「中華料理店の味」に大変身。
使わない麺は袋のまま冷凍しておき、使う時にレンジでチンして調理すればOK。

事前準備
・野菜を切っておく
・麺は袋から出しレンジでチンしてほぐしておく（30秒位）

材料（４人分）
・豚バラ肉　150ｇ
・もやし　１袋
・しいたけ　４枚（そぎ切り）
・やきそばの麺　２袋
・ニラ　1/2束（３センチに切る）
・ゴマ油　大さじ１
・ウェイパー（中華スープの素）　小さじ２
・ラー油　３, ４滴
・オイスターソース　大さじ２

基本の作り方＝自分飯
①鍋に豚肉から上記の順番で重ねて、調味料を上に乗せる
②蓋をして中弱火加熱
→蒸気が出たら混ぜ合わせる
③皿に盛って出来上がり

ステップ１＝家族飯

・エビやホタテなど具材追加
・付属の「粉末ソース」はバターと一緒にご飯に混ぜておにぎりとしてもう一品

ステップ２＝よそ行き飯

・小皿に一人ずつ盛り付ければ個々に用意してくれた感がアップ
・大皿にどーんと出せば盛り付けの手間が省けて迫力がでる
・トッピングを頑張る→ウズラの卵・別に茹でた絹さやを添える。特に鮮やかな緑は好印象

② ご飯もパンも弁当も「キーマカレー」

簡単に思われがちなカレーも実は手間がかかるもの。

このレシピはまとめて蒸すだけ一発で完成。「簡単なものでいいよ…」の料理はこれくらい簡単でないとやってられない。

水を使わず大量の野菜の水分で仕上げるので、ご飯はもちろんパンにも合う絶妙なとろみ加減。

お弁当に使える＆冷凍保存可能も嬉しい。

事前準備
・野菜を刻んでおく

材料（４人分）
・ひき肉（牛・豚・鶏いずれも可） 200 g
・玉ネギ　１個（みじん切り）
・じゃがいも　１個（みじん切り）　←カボチャやサツマイモに変えても美味しい
・人参　1/2 本（みじん切り）
・市販の固形カレールー　３片
・市販の粉カレー粉　小さじ１～
・オイスターソース　適量
・ケチャップ　適量
・（ハチミツ）

基本の作り方＝自分飯

①フライパンにひき肉を敷きつめ、野菜とカレールーと調味料を乗せて蓋して中火加熱
②蒸気が上がったら弱火 10 分
③蓋を開けて混ぜて出来上がり（お好みでハチミツ少々）

ステップ１＝家族飯

・トッピングを頑張る（弁当で余ったから揚げ、目玉焼きなど）

ステップ２＝よそ行き飯

・高さを出すものを盛る（素揚げ玉ネギやごぼう、ネギやパクチーなどの緑のもの）

・まわりに何かを散らす（赤いラディッシュ、黄色いレモン、白い砕いたナッツなど）

余った時の使いまわし展開例＝リレー飯

・チーズをのせてグリル（オーブン）で焼きカレーに！

・パンに乗せてチーズをかけてカレートーストに！

③ なんてことはないけど箸が止まらない「肉もやし」

全く「なんてことない料理」。本当に「なんてことない料理」。けれど妙に美味しく、かつアレンジが楽しい料理。

食卓にホットプレートを出して食べれば洗い物と配膳の手間もなく、その割になぜか盛り上がる。つけタレや薬味を充実させればおもてなし料理にも昇格！

本当に「こんなので良いのでしょうかね…」と念押ししたくなる超リクエストレシピ。

事前準備
・もやしを洗っておく
・タレを混ぜ合わせて冷蔵庫に入れておく

材料（４人分）
・もやし　１袋〜
・しゃぶしゃぶ用豚バラ肉　350ｇ
・タレ　ポン酢・スイートチリソース・胡麻ドレッシング＋ラー油…etc.

基本の作り方＝自分飯
①ホットプレートかフライパンにもやし→肉をセットして蓋して中火加熱
②火が通ったら好きなタレをつけて食べる

ステップ１＝家族飯

・タレの種類を増やし薬味も用意する（柚子胡椒、小ネギ、大根おろしなど）

ステップ２＝よそ行き飯

・あまりにも彩りがないので、赤・緑の食材を入れて見た目 UP（人参やパプリカの千切り、水菜、ニラなど）
・良い肉にする

余った時の使いまわし展開例＝リレー飯

・中華スープに余った具を入れて「スープ」に！
・「スープ」に人参や白菜など具を追加し、とろみをつけて「あんかけ」の「あん」に！（白飯やチャーハン、焼きそばにかけて食べる）
・「あん」を春巻きの皮で巻いて揚げて「春巻き」に！

① オーブンなしの「グラタン」

面倒くさい料理の代表格グラタン。パスタを茹で、ホワイトソースを作り、チーズをかけてオーブンへ…の一切の手間をカット。鍋で煮るだけ、食べればグラタン。「週末に奥さんのために作る旦那料理ベスト１」なんじゃなかろうかと思われる。ゆっくり朝起きて、コーヒー飲んだダラダラして、お腹すいたってつぶやいたらこれが出てくる…もう、旦那がジョージクルーニーに思える！（一瞬だけ）

事前準備

・野菜を切っておく
・炒めパン粉を作っておく（フライパンでパン粉を乾煎りし、瓶で常温保存）

材料（４人分）

A＝・ペンネ（乾燥のまま）100ｇ・ベーコン４枚（スライス）・じゃがいも２個（スライス）・玉ネギ２個（スライス）・しめじ１パック
B＝・生クリーム 200cc・牛乳１リットル・コンソメキューブ２個（８ｇ）・塩コショウ適量・バター大さじ１
・小麦粉大さじ３　・パン粉適量　・パルメザンチーズ適量

基本の作り方＝自分飯

①ボウルにＡの材料を入れて小麦粉をふりかけ手でふんわりと全体にまぶす
②鍋にＡとＢを入れて蓋をして中火加熱

③蒸気が出たら混ぜ合わせ再度蓋をして弱火でペンネが柔らかくなるまで煮る
④チーズ、塩コショウで味を調え器に盛って炒めパン粉をかける

ステップ１＝家族飯

・給料日後なら具材を豪華にする（エビ、ホタテ）

ステップ２＝よそ行き飯

・盛り付けた時に緑の茹で野菜（ブロッコリーなど）を加える
・じゃがいもの代わりにカボチャを使うと色がきれい！　何より女子は妙にかぼちゃ好き。
・大皿でドーンと出して「スコップグラタン」にしてもおしゃれ。

余った時の使いまわし展開例＝リレー飯

・カレー粉を入れてカレー味にして、「これは別の料理です」と言ってみる。
・厚切り食パンの中身をくりぬき、グラタンととろけるチーズをのせてトースターで焼くと行列ができるカフェメニューのようになる

② 実は超簡単「パエリア」

「パエリア」という響きで世の人はなぜこんなにうっとりするのだろうか？　バレンシアの太陽がそうさせるのだろうか？（ここは日本だが）

これは専用鍋がなくても大きなフライパンかホットプレートで出来るインスタ映え飯。ただし少々めんどくさい、めんどくさいがやたらウケる。お高いサフランは使わず、ポイントは具材の色を意識するのみ。赤・緑・黄色それが美味しさのSign。

事前準備

・野菜を刻んでおく

・エビの下処理（殻を剥いて塩・片栗粉でモミ洗いして下味をつける〈塩ひとつまみ＋白ワイン少々〉）

・砂抜きをしたあさりを白ワイン60ccで蒸し茹でする

・米を計量しておく

材料（４人分）

A＝あさりのゆで汁＋水600cc・コンソメキューブ２個（８ｇ）・カレー粉小さじ１・塩小さじ1/2

・ニンニク　１片（みじん切り）

・玉ネギ　1/2個（みじん切り）

・ベーコン　２枚（角切り）

・米　400cc（２カップ）

・あさり　１パック

・パプリカ　1/2個（細切り）

・エビ　８尾

・エリンギ　２本（1/8サイズ細切り）

・レモン　適量

・パセリ　適量

基本の作り方＝自分飯

①フライパンかホットプレートにオリーブオイルを入れ、ニンニク玉ネギベーコンを炒める

②玉ネギが透き通ったら米を入れて米が透き通るまで（3，4分）炒める

③Ａを熱々にして米に注ぎエビとエリンギを米の上に乗せる

④蓋をして中火で12分→パプリカ、あさりを乗せて少し火を弱め６分

⑤レモン、パセリなどを飾り付けて出来上がり

ステップ１＝家族飯

・給料日後なら具をこれ見よがしに豪華にする（殻付きのエビやムール貝）

ステップ２＝よそ行き飯

・さすがにサフランを使ってみる（Ａのカレー粉の代わりに小さじ1/2を湯で湿らせ使う）

・セルフィーユなどのハーブを自慢げに中央に高く盛る

③ 特別感がすごい「あんかけチャーハン」

「あん」をかけるだけなのに、なぜかすごく手間をかけたように見える偽装豪華飯。

チャーハンの３大必須アイテム「重たい中華鍋」「強火」「腕力」のいずれも必要なし。「蒸すだけ２分で完成」なので途中ソファでワイドショーを楽しんでも問題なし。具材のアレンジも楽しく、お弁当からおもてなしまで幅広く使える万能料理。

材料と手順は多いけど、作るととにかく目からウロコの簡単さ！

事前準備

・野菜を切りそろえる
・調味液を用意しておく
・蓋ができるフライパンと鍋を用意しておく

材料（４人分）

＊チャーハン
・温かいご飯２合・卵２個・長ネギ１本（白いところみじん切り）

←チャーハン単体の場合、具は鶏そぼろ・鮭フレークもおススメ

（チャーハン調味液）
・酒大さじ１・オイスターソース小さじ２・醤油小さじ２・塩小さじ 1/2

＊あん
・しいたけ４枚（そぎ切り）・エビ８尾（皮をむいたもの）・アスパラ４本（３センチ斜め切り）・人参 1/2 本（５ミリの斜め切り）・白菜２枚（一口大にそぎ切り）

（あん調味液）
・オイスターソース大さじ１・ウェイパー大さじ１・砂糖小さじ２・塩小さじ 1/2・水 350cc

基本の作り方＝自分飯

＊チャーハン…これだけでも、単体で十分美味しい！

①フライパンに油（大さじ２）を入れて中火加熱

②煙が出るくらい熱くなったら溶き卵を入れてふんわりとかき混ぜいったん取り出す

③そのフライパンにご飯・②の卵・ネギ・チャーハン調味液を入れて蓋をして中火加熱２分で出来上がり

＊あん

①しいたけから順番に鍋に材料を入れて蓋をして中火加熱

②火が通ったらとろみ（片栗粉大さじ２〜３＋水同量）をつけて出来上がり

ステップ１＝家族飯

・具を豪華にする（豚肉、ホタテ、ウズラの卵など）

ステップ２＝よそ行き飯

・お客様の目の前でこれみよがしに熱々の「あん」をかける

① ビニール袋にまとめて焼くだけ「エビチリ」

エビが大きくなるにつれて、盛り上がる定番の中華料理。
ビニール袋に全部セットして冷蔵庫に入れておけば、心の平安が手に入る。
ただいま！の声を聞いたらサッとフライパンで焼くだけで夕ご飯に間に合う。
辛さも調節できるのでおつまみにも、お弁当にも使える。

事前準備

・エビの下処理（殻付きのまま。背ワタをとっておく）
・野菜を切りそろえておく
・唐辛子以外を全てビニール袋に合わせて冷蔵庫に入れておく

材料（４人分）

・エビ　12尾
・ニンニク　１片（みじん切り）
・生姜　１片（大さじ１くらい、千切り）
・長ネギ　１本（白いところ。斜め切り）
・日本酒　35cc
・塩　小さじ1/2
・醤油　大さじ１
・片栗粉　小さじ1/2
・砂糖　小さじ１
・ケチャップ　大さじ３
・唐辛子　２～５本（鷹の爪）

基本の作り方＝自分飯

①フライパンに油（大さじ３）を熱し唐辛子を入れて黒くなるまで加熱する
②ビニール袋のものを全部炒め合わせる

ステップ１＝家族飯

・フライパンの端っこで炒り卵を作り混ぜ合わせる（辛さもマイルドになる）

ステップ２＝よそ行き飯

・思い切って大きなエビを使う
・糸唐辛子をトッピングして高さを出す
・市販の中華エビ煎餅（シャーペン）に乗せて食べる

② ドヤ顔料理のトップを誇る「ローストビーフ」

白いレースのエプロンをした奥様が丁寧に作ってそうな料理 No.1 でありながら、実は5分で出来てしまうレシピ。

決して作り方は明かさず、あたかも手をかけたかのように取り繕うことをおススメする。

クリスマスやイベントの時、食卓で歓声があがる鉄板レシピ。

事前準備

・肉を常温にもどしておく
・肉に砂糖、塩、ブラックペッパー、にんにくをすり込んでおく（30 分ほど）

材料（4人分）

・牛ももかたまり肉　300 g
・砂糖　小さじ 1/2
・塩、ブラックペッパー、にんにくすりおろし　適量
A ＝醤油 40cc　・ウスターソース 40cc　・日本酒（または白ワイン）40cc（半分を赤ワインにしても OK）

基本の作り方＝自分飯

①フライパンを熱し肉の全面に焼き色を付ける
② A を入れて沸騰したら肉を転がしながら 5 分加熱
③フライパンの中でそのまま冷まして出来上がり
（冷めてから切るときれいに切れる）

ステップ１＝家族飯

・ソースを容器に入れて、食卓でこれ見よがしにかける
・気力があればマッシュポテトを添える
・さらに財力があればクレソンも添える

ステップ２＝よそ行き飯

・思い切って肉のグレードと大きさをアップさせる

③ 仕込みも片付けも簡単すぎる「ホイル焼き」

言わずと知れた簡単料理。

ホイル（またはオーブンシート）の中に食材を入れて蒸し焼きすればなんでも美味しくなる。そして誰が作っても失敗しない料理。

ホイルを開ける楽しみはいくつになってもワクワクするが、調子に乗るとやけどする。

事前準備

・ホイル（またはオーブンシート）に材料を包んでおく

材料

・魚　人数分（鮭、白身魚など）
・玉ネギ　１センチ幅の半月状で２切れ×人数分
・バター　小さじ１×人数分
・しめじ　数本×人数分

基本の作り方＝自分飯

①ホイルを広げ
玉ネギ→魚→しめじ→バターの順で乗せて包む
②フライパンに包んだホイルを入れて、蓋して中火加熱→蒸気がでたら出来上がり
③魚の塩加減によって、ポン酢や醤油やレモンを絞って食べる

ステップ１＝家族飯

・中の具材を豪華にする（魚のグレードアップ、パプリカやほうれん草などの彩りプラス）

ステップ２＝よそ行き飯

・ホイルをきれいに包む（え！まさかそこ!?）

① 大人も子供も争奪戦！「ほうれん草ディップ」

　パンにつけて食べる用のディップ。持ち寄りの場合はお邪魔する途中のパン屋さんでパンを買っていこう。クリーム系のディップは子供から大人まで広くうける。

　実際、指を突っ込んで残りを舐めているオヤジを発見したこともある。

事前準備

・ほうれん草を茹でて1センチ幅に切っておく（これは冷凍しておいても OK）

・玉ネギ、ニンニクを刻んでおく

材料（4人分）

・玉ネギ　1/2個（みじん切り）

・生クリーム　200cc

・バター　100 g

・ニンニク　1片（みじん切り）

・ほうれん草　1/3（固ゆでして1センチ幅に切る）

・塩コショウ

基本の作り方＝自分飯

①フライパンにバター（分量外、大さじ１）を入れ玉ネギを透き通るまで炒める
②生クリーム、バター、ニンニクを入れて中火で炒める
③トロっとしたらほうれん草（冷凍 OK）を入れて、塩コショウで味付けして出来上がり

ステップ１＝家族飯

・茹でたパスタに絡めてパスタ料理として出す

ステップ２＝よそ行き飯

・これ見よがしに切ったパンをきれいに並べてデコる
・ベーコンやエビを足して豪華なパスタソースにする

② 失敗しようがない「煮豚」

放ったらかし1時間で柔らかく煮えるので気楽に作れる。大量に作って冷凍も可能。
漬け汁にゆで卵を足せばおかずの一品追加、さらに煮汁はスープに使えるという「捨てるところがない」まさに献身的な料理
特に調理もしていないのに、「わー！肉だ！」と結構喜ばれる。

事前準備

・ネギ、生姜、ニンニクの「臭みけしトリオ」を用意しておく。
（冷凍ストックもOK）

材料（４人分）

・豚肩ロース肉　300 g
・臭みけしトリオ
（ネギの青いところ１、２本・生姜の皮２、３切れ・ニンニク１片）
・塩　小さじ 1/2
・日本酒　50cc

基本の作り方＝自分飯

①鍋に肉と調味料を全部入れて、肉がひたひたになるくらいの水を入れて蓋をする
②中火加熱→沸騰したら弱火１時間
（45 分を過ぎるとやわらかくなってくる）
③蓋を開けて「醤油」に付け込めば出来上がり
（ビニールに肉を入れてそこにまぶすくらいの醤油を入れる）

ステップ１＝家族飯

・皮をむいたゆで卵も一緒につける
・一人ずつどんぶり飯の上に肉とゆで卵を切って乗せ白髪ネギをトッピングする
・煮汁の臭みけしトリオを取り除き、塩コショウで調味すればスープになる
（スープの具はトマト・ネギ・ニラ・溶き卵などが合う）

ステップ２＝よそ行き飯

・大皿に肉、ゆで卵、生野菜を盛り付ければ豪華料理

第5章 自分と家族の変化

料理を苦痛に感じているあなたへ。

料理をやめられても、やめられなくても、「苦痛に向き合う」ことで起きる変化がある。

少なくとも「今までやったことないことをやった」「向き合ったこともない事を見つめてみた」ことがすでに変化だ。

そしてその変化が起こっているのはあなた本人だけとは限らない。

1. 自分の変化

「苦痛だ」と認識する。その正体を見つめてみる。

そしてそれを言ってみる。

苦痛から離れて新しい取り組みを実行してみる。

「食事」という、自分にとっても家族にとって大事なテーマを話し合うことはとても有意義な時間だ。

「毎日の食事」はやはりどうしたって家族の生活のベースだから。

たとえば一方的に思いを伝えただけでも、何も言わずに我慢しているよりは大きな一歩だと思う。

今まで自分一人の胸の内に何度となくしまい込んでいたこと。

「料理を作って当然なのに」「家事が私の仕事なのに」実は苦痛に感じているだなんて、口にしただけでとても勇気がいることだと思う。

「思っていることを口に出す」というのは、家族という密接な関係においては意外と難しい。

それでも料理サロンに通う生徒さんたちは、自分とご家族の素敵な変化を私に教えてくださる。先日こんな話を聞いた。

「私、こちらに来るようになってから開運したんです」

最初は何を言っているのかわからなかった。

「ここに通うことが気晴らしにもなっているし、友達も出来た」

「何より料理を気軽に考えられるようになったら、私なんだか良いことが起こるようになって……」という。

詳しく聞けば、仕事で思わぬ抜擢があったり、ご家族に嬉しいサプライズがあったらしい。

料理が気軽になったから……とは言えないかもしれないが、何事も物は考えようだ。嬉しい偶然、奇跡の産物としてありがたくお話を聞いた。

気分よく暮らしていれば良いことも寄ってくると思っている。

上機嫌で過ごすことが生活のパフォーマンスを上げると思っている。

そして気分も軽やかに作った料理はたいてい上手に出来る。

料理は作業でもあるが、一方でとてもクリエイティブな仕事でもある。

料理というものは何が正解で何が不正解とも言いきれない部分がある。

よって、美味しいご飯を作るにはフットワークやひらめきがとても大事だと思っている。

前述の生徒さんはどうやら料理のストレスが減り、教室へ来ることが良い気分転換になっているらしい。

習った料理をネタに自然とご主人と話が弾むようになったという。

食べ物のネタは人を傷つけない。美味しいものの話は幸せな気分になる。

最近何をしても楽しいとおっしゃっていた。

仕事での大抜擢は「あなた楽しそうで元気があっていいわ！」という上司からの一言がキッカケだったらしい。

たかが料理、されど料理。

眉間にしわ寄せて、苦痛を感じて作らなければならない時もままあると思うけど、出来れば上機嫌で作りたい。

確かに作らなきゃならない場合もある。

でも作らなくてもいい状況だって同じように作り出せる。

そして苦痛ならきっぱりやめてみる。「苦痛を消す」対策が何一つとれなくても、苦痛を思い切って宣言してみることは良いことだ。何事も口に出してみると状況が変わる。

思いのほか「私も」という同士がいたり、あなたが口に出すことで「それでもいいんだ」と密かに勇気づけられている人もいる。

料理サロンでおしゃべりをする時間、生徒さんたちはこぞって「手抜き自慢」とも思えるアイデアを交換しあっている。

私だけじゃない。それでもいい。そう思えることは救われること。

そして気持ちが軽くなると、次に踏み出す一歩も軽くなる。

簡単なものでいい。ポンコツでもいい。適当でもいい。もうなんだって自分が良いと思ったらそれでいい。と。

料理サロンで間違いなく作れる「簡単美味しい料理」をお伝えしながら、徐々に料理レパートリーを増やし自信をつけ、解放されていく生徒さんたちを見て人はいつだって楽しく変われると思っている。

2. 家族の変化

例えば、料理をしない間の対応策だったり、サバイバル料理だったり、はたまた「外食」という研修だったり……。

それらを家族のレジャーとして楽しむという側面もあったのではないだろうか。

「一緒に食べに行ったアレ美味しかったね」。「もう一度お取り寄せしようか。」「ああ、今日は面倒臭いなぁ」……などなど、共通の体験が増えれば会話のネタも増える。また、同じ体験をすれば自然と理解も深まるというもの。

それだけでもあなたと家族がぐっと近づいたと思っていいのではないだろうか。

「お弁当ありがとう」「今日の帰りに何か買ってくるものある？」など。

言われなければ気づかないことに、彼らが気づいたという事実はないだろうか？

また思わぬ副産物もある。

料理を作らなくなって外食やお取り寄せをしていたら、家族が料理に興味を持ちだした。

そんな話も聞く。

「誰かが作ってくれる料理」「自分の意思が介在しない料理」から、「自分でどうにかしていく料理」へと意識が変わっていった。

家で何を食べるか？に自ら関わってくるようになった。

「だったら自分で作りたい」と思わぬ才能を開花させる家族もいたりする。

本当に、状況が人を変える。

キッカケは全く違うが、実家の父も急に母が亡くなり突然「一人暮らし」になった。

人生初の「一人暮らし」。初めての状況である「一人暮らし」を歳を取ってから経験しなければならないのは、精神的に相当堪えるものもあっただろう。

当然、料理も一人で用意し一人で食べることが日常になった。

しかし、一方で人間は意外とタフでもある。

当初は「一人だと面倒くさい」「食欲もない」と言うのでたいそう心配していたが、ある時期から少しずつ自分で作りだした。

スーパーの総菜やお弁当で済ませていた父が、たまに料理を作るようになったのだ。

もともと菓子職人という仕事柄、調理をする・台所に立つということは決して遠い世界ではなかったと思う。

それでも母に任せきりだった「ご飯」の分野に自ら進出してこようとは。

聞けば「お惣菜に飽きた」からだという。外のご飯は塩気が強いと。

見よう見まねで、おでんやチャーハンを作るようになった。

実際私が帰省したときも「レタスチャーハン」を作ってふるまってくれた。

野菜も食べなきゃならないけど、葉ものは痛むのが早いから加熱調理にも使っている……のだそうだ。

主婦か！とツッコミたくなる気持ちを抑えて食べたレタスチャーハンは、びっくりするほど美味しかった。

ちなみに具は「今朝の残り物の塩鮭」。

人はたくましく、人には才能がある。

思わぬキッカケで人は想像もしない大きな変化をとげることがある。

3. その先の人の変化

上機嫌は人に伝染するし、幸せな気持ちや楽しい気持ちも伝染する。

料理サロンの生徒さんの「お父様」がランチを食べにいらっしゃった。

お帰りになるまでお知らせいただかなかったので気づかなかったのだが、帰り際こう切り出された。

「最近娘がイキイキとしていましてねぇ」「なんでもこちらに通って料理を習っているとか」「洒落た物、食べたことない美味しいもの、楽しそうに作ってくれるようになりました」「なので、どんなところに通っているのか気になって来てみました」とのことだった。

私はハッとした。いつも目の前の生徒さんに伝えるのが精いっぱいだった。

美味しかったと喜ばれて、それで完了。

「無事に出来てよかった!」と一安心し、ほっとして仕事は終わっていた。

でも、生徒さんの先にはそのご家族がいた。

私がお伝えした料理をちゃんと作っている。たぶん私よりよっぽど上手に。

私がお伝えした料理が生徒さんを経てその先へつながっていることを目の当たりにし、大きな責任を感じた一方でとてつもない幸せな気持ちになった。

もしかしたら料理を伝えるって目の前の人を通じてその向こうにいるたくさんの人を幸せにできる仕事なのではないか……と。（今さら！）

美味しい楽しい伝言ゲームのようだ。

考えれば想像もできたが、現状では「伝えること」に精いっぱいでその先を想像すらしていなかった。

ご家庭で料理を作る姿。食卓で会話が弾む姿。見たこともない料理に驚く姿。妄想癖が強いのでスイッチが入ると止まらない。

「苦痛に思っていたことを解決する」ことから始まった私の料理への挑戦。

その解決するポイントをお伝えしたら、私のように料理が嫌いで苦痛を感じている人の助けになるかも……と思って始めた料理サロンは、同じように苦痛を感じている人に少なからず響いている。

その気づきは私の中の大きな変化だった。

そして現実に目の前の人とその先の人たちにも嬉しい変化が起きている。

私の力というより、私がお伝えしたことがキッカケで大切なご家族との時間が劇的に変化していたという事実が嬉しすぎて、私は食器を洗うふりをして泣いた。（営業中だったので）

おわりに

私ができることは何だろう？

そう考え続けながら働いてきたような気がする。

そして今、「料理」という自分でも全く想像しなかったものをツールとして仕事をしている。

私が「料理」というツールを使ってできることは何だろう？

巷《ちまた》には料理教室もレシピ本もレシピサイトもたくさん溢れる中、私が伝えたいのは「料理」そのものではなかった。

他にもっとすごい先生はいるし、おしゃれなカフェだって溢れている。

特別珍しい料理を作れるわけでも、フランスで長年修行を積んだわけでもない。

自分が提供できるモノは何だろう？　目指していることは何だろう？

その問いをもって仕事をしてきた。

そして見つけた答えは、「私のような人を助ける」ことだった。

私のような人……とは、料理が苦手で、料理が面倒臭くて、でも一方でちょっと作ってみたい時や、やればできそうに思える時もある、揺れ動く料理嫌いさん。

苦手意識と同時に、やってみたいと思う真逆の気持ちも持ち合わせている人。

そんな人の助けになりたいと思い続けながら仕事をしてきた。

試行錯誤しながらも一人でカフェと料理サロンを運営する10年あまりがたち、様々な経験をさせてもらった。たくさんのお客様や生徒さんとの出会いや発見もあった。

その発見や思いを伝えたいと願ったら、出版というご縁をいただいた。

本を書くにあたり、自分と料理の関係や歴史を思い返した。

まさか自分が料理を仕事にするなど思ってもいなかった。

親族や親しい友達にも驚かれたが、何しろ自分が一番驚いている。

「料理を作る人」は必ずしも「料理が好きな人」や「得意な人」に限られてるわけで

はない。

私のような、料理を苦痛にすら思ってる人間が料理と対峙する中で、発見したことや思いは、誰かの役に立てるはず。という思いが確信になっていった。

こんな人でも料理をしている。料理が簡単と言っている。

なにせ皆さんが想像するよりもっと、私は料理をしたこともなかったし、料理をしなくても生きていけると思っていた側の人間だったから。


お歳暮に新巻鮭をもらい、困り果てたことを思い出した。

料理をしないで生活をしていたころ。

大きな魚をさばけないし、たとえさばけたとしても食べきれない。

当時はインターネットもなかった時代なのでどうしたらいいか、誰に頼ったらいいか途方にくれた。

結果、仕事先の先輩（料理好き）に丸ごと引き受けてもらい、事なきを得た。

あれから何年もたっていないのに、便利な時代になった。

今はインターネットがある。新巻鮭の捌き方もレシピもサイトを探せば一発でわかる。そして食べきれなくても友達へ一斉メールを流せば「じゃ、もらいに行きまーす」とすぐさま返信が来て完売御礼。

便利な時代になった。昔から考えれば手品のようなものだ。

いろんなことが便利になり、新しいやり方が見つかり、生活はグッと楽になった。けれど「料理を作る」という分野においては、私たちは大昔から変わらずじゃがいもを洗いネギを刻んでいる。

この分野においては「手間を惜しまぬ美学」がいまだ強く残っている。

いや、どちらかというとそれ以外の生活シーンが便利になったことの反動で「あえて手間をかける贅沢」を味わえる神聖な領域と化しているのかもしれない。

手間をかけることが楽しいと思う時もあるし、たとえパックから豆腐を出すだけでも心から面倒くさい時もある。

楽しいと思った時には存分に楽しめばいいが、マメに料理をする友達のSNSが鼻についたらさっさとスルーしよう。

世間はそんな人ばかりじゃないし、そんな手間暇料理を常々作っている人ばかりじゃない。あなたにはあなたの事情や心情がある。

では、面倒くさい時、そして面倒くさいを通り越して苦痛を感じたらどうしたら良いのだろうか？

直接解決してくれる方法がないと思った。

私が料理を苦痛に感じている時には、断捨離や作り置き料理など「新たに何かをやる」解決法はさらに気が重く億劫なものでしかなかった。

もちろんそれらの解決法は、きちんとした理由があるれっきとした策であり、有効な策だと思う。私のように「ひとまず逃げましょう」と避けて通るのではなく、真正面から立ち向かう正統派の解決法だ。

多分、苦痛に至る以前にそれらの策を講じておけば大事に至らないのかもしれない。けれど苦痛になってしまったら、煮詰まってしまったら、それを和らげることが先決なのでは？と思った。

どうしたら苦痛を和らげることができるんだろう？

どうしたら苦痛がなくなるのだろう？

「料理をやめることだ」と思った。

料理を仕事にしながらも「嫌なら料理を作らないこと」や「外食ですませよう」など、今までにない突飛とも思えることを提案している。

もちろんこういう乱暴な考え方がお好みではない方もたくさんいるだろう。

当然、非難もあるだろう。けれど仕方ない。

料理を作りたくない時はどうやったって作りたくないのだから。

やる気も気力もなく、あるのはお腹を空かせた家族と自分だけ。

私が今回提案した方法で、苦痛を感じるすべての人が救われるとは思っていない。

けれど、こんな方法もある。苦痛を感じるのは私ひとりじゃない。そう思ったら少しは気が軽くなるのではないだろうか？

みんながみんな料理上手な人間として存在していなくてもいい。

みんながみんな毎年梅を漬けているわけではないし、栗の渋皮煮を作っているわけではない。同じ理想像を追い求めて生活していなくていい。

そんな思いを伝えたかった。

私のような適当で飽きっぽくてその場しのぎの人間でも、どうにか苦痛をやりくりして料理と向き合っている。

私だからできることがある、私だから気づくことがある、私ができたということはみんなもできるということ。

そう思って疑わない。

私は仕事においてプロフェッショナルでありたいと努力しているが、料理のプロでも料理研究家でもない。

この本をキッカケに、料理を苦痛に思っている様々な人が少しでもガス抜きができたら心から嬉しい。微力ながらそれを全力で助けたい。

それが私の仕事だと思っている。


さいごに、料理を通じて関わって下さった全ての皆様。出版に至るまでお力を貸して下さった全ての皆様。本当にありがとうございました。

本多理恵子

本多 理恵子
ほんだ・りえこ

和菓子屋の娘として生まれ、
一般企業に就職し11年。
子育てのために鎌倉に引っ越し、
資格・経験ゼロ、しかも「実は料理が嫌い」
でありながら自宅カフェ開業。
カフェと併行して始めた
手ぶらで参加できる料理教室「お気軽料理サロン」は
現在まで参加人数のべ１万1000人超え。
「すごそうに見える簡単料理」を中心に
４品を30分あまりで実演。
教室の本来の目的は
「料理の呪縛から解放されること」。
実際、料理と関係ないネタに
「笑った」「悩みを忘れた」など反響が大きい。
野菜ソムリエ。オリーブオイルソムリエ。
ホームパーティースタイリスト。

Cafe Rietta

〒248-0005
鎌倉市雪ノ下1-2-5
(JR鎌倉駅より徒歩6分)

「お気軽料理サロン」「カフェ」の詳細は
ホームページ、フェイスブックをご参照ください。

お問合せ先:caferietta@gmail.com
http://www.rietta.me
https://facebook.com/caferietta

Special Thanks to:
撮影協力　西田 貴史（manic）
写真　中島 聡美

料理《りょうり》が苦痛《くつう》だ

二〇一八年（平成三十年）十一月十三日　初版第一刷発行
二〇一九年（平成三十一年）三月五日　初版第七刷発行

著　者　本多 理恵子
発行者　伊藤 滋
発行所　株式会社自由国民社
東京都豊島区高田三―一〇―一一
〒一七一―〇〇三三　http://www.jiyu.co.jp/
振替〇〇一〇〇―六―一八九〇〇九
電話〇三―六二三三―〇七八一（代表）

造　本　ＪＫ
印刷所　株式会社光邦
製本所　新風製本株式会社